現代社会学ライブラリー｜14

考えるヒント
方法としての社会学

藤村正之
Masayuki Fujimura

Library of
Contemporary
Sociology

弘文堂

考えるヒント｜目次

第1章 知的職人への旅立ち……………7
1) 社会学＝ IBM ＋リアリティ＋ヒューマニズム
2) 心得た人──知識の社会的配分
3) 球の半径としての知識──無知の無知
4) 考える道具としての社会学

I．社会学のフットワーク……………19

第2章 野球・サッカーと相互行為
──ミクロ・レベル……………21
1) 野球──連動するバックアップ
2) サッカー──スペースをめぐる戦い
3) 審判──パフォーマンスによる相互行為秩序
4) 相互行為からの自己・相互行為からの社会

第3章 オーケストラと組織
──メゾ・レベル……………35
1) 指揮者の立場──監督と創造
2) 指揮者の資質──カリスマ性と共同達成
3) 楽譜を通した多層的コミュニケーション

第4章 複素数空間と社会——マクロ・レベル……50

1) 社会と個人——虚数と実数
2) 私たちを多層的に取り巻く環境
　　——自然・人間・メディア
3) 社会の超越あるいは社会の終焉
　　——グローバル化と個人化の進行する中で

II. 社会学のツール………65

第5章 3つの「開国」——比較と機能……………67

1) 比較による時間の磁場の解放
2) 比較から機能へ
3) 比較対象の設定
4) 比較対象間の関係——内発的発展と文化伝播

第6章 冤罪と暗数——分類と過程………………81

1) 言葉と関係性
2) 分類が生み出す認識
3) 分類の軸を動かす
4)「過程」と「経路」

第7章 「羅生門」の多元的現実
——世界の複数性と距離への習熟…………96

1) 藪の中
2) シーソー・バランスの下の秩序
3) 主観的意味連関と客観的事実連関
4) 現実をあるがままに

Ⅲ. 社会学のポジショニング…………109

第8章 1番バッターとしての社会学
——諸科学の中の社会学の位置と立場…………111

1) 学問間の分業と連携
2) 経済学との対比
3) 心理学との対比
4) 諸科学の交錯の中からの発想

第9章 参議院としての社会学
——社会との関わりとその多様性…………128

1) 「役に立つ」言説のとらえ方
2) 参議院と衆議院
3) 理念・理論・実証・実践
4) 学問が取り巻かれる行為主体群

第10章 社会学的想像力の羽ばたき………143

1) 歴史と個人史を重ねる
2) 社会は細部に宿る
3) ルールブックとゲームの関係
4) 創られながら創ること
5) 社会を踊り返していく社会学

あとがき……………156
文献 ………158

第1章 知的職人への旅立ち

　1950〜60年代にアメリカ社会を批判的に論述し、『新しい権力者』『ホワイトカラー』『パワー・エリート』という階級三部作を著して活躍したものの、45歳の若さで夭逝したC. W. ミルズの作品のひとつに『社会学的想像力』という著作がある［Mills, 1959 = 1965］。この著作についてはまたふれることにするが、その『社会学的想像力』の末尾に付録として「知的職人論」という論考がついている。

　「職人」と聞くと、皆さんはどんなイメージをもつだろうか。どこかこだわりのある頑固者であるが、ものごとを作りあげる確かな腕をもっており、こつこつと実直に仕事をする人といったところであろうか。職人の意味合いには、生計を営むお金を稼ぐということにとどまらず、仕事をすることや仕事の内容・成果がその人の生き方と関わっているというところに特徴があろう。「知的職人（intellectual craftsmanship）」とは、知の領域におけるそのような職人である。

　その議論において、ミルズは「社会科学は一つの職能の実践である」と述べる。自らも生きる社会を分析するということは、自らの生き方も参照しつつ、ある固有の職業上の能力を発揮していくことである。「諸君が参加しようとしている学者共同体のなかで、最も高く評価できるような思想家は、けっして仕事をその生活から切り離していない。（中略）研究者になるということは、経歴の選択であるとともに、いかに生きるかの選択をも意味するのである。意識

すると否とにかかわらず、知性の職人はその職能の完成に向かって探求する自己そのものを形成する。(中略)かれは知的な作業のなかに生活経験を利用し、たえずそれを吟味し解釈することを学ばなければならないのである」[Mills, 1959 = 1965, 256-257]。もちろん、すべての人が研究を生業として生きるということもないわけなのだが、ミルズの提唱から、知的思考と生活の具体性や生き方とを切り離さないところに社会学や社会科学を学ぶ重要性のひとつがあることを理解することができる。知と生き方を結びつけること、それは現代社会を生きる人々全てにとって課題となりうることだといってよいだろう。アメリカ社会を批判的にとらえようとしたミルズは、私たちに強くよびかける。「よき職人たれ。(中略)あらゆる者は自己の方法論者となり、あらゆる者は自己自身の理論家となれ。(中略)人間と社会の諸問題に主体的に対決する精神たれ。」[Mills, 1959 = 1965, 292]。

　本書の目的は、社会学という学問を媒体に、皆さんに変動する時代と社会を読み解き、生き抜いていく、知的職人となるための「考えるヒント」のいくつかを提供することにある。それらを、使える道具として身につけてもらい、皆さんが社会学の good user への途を歩んでいく際の道案内となるようであればたいへん幸いなことである。

1) 社会学＝IBM＋リアリティ＋ヒューマニズム

　ミルズは、社会学の学問的性格をしめすために、いっぷう変わった方程式を表題とする論文を執筆している。その方程式とは、「社会学＝IBM＋リアリティ＋ヒューマニズム」というものである [Mills, 1963 = 1973]。彼はこの論文を通じて社会学にある3つの要

素をとらえ、それらの要素が揃うことが必要なのだが、今の社会学はその３つがバラバラなまま、異なった展開をしていると批判しているのである。

第１の要素「IBM」は言うまでもなくコンピュータ会社のことであり、統計的手法を駆使して、客観的な量的データを集め、数量的な観点から社会や集団・個人をとらえようとする姿勢といってよいだろう。そのような傾向があるなか、彼は、社会調査の技術において、データ入手やデータ分析は精緻になっているのだが、その算出された結果がより広い文脈においてどのような意味をもつのかが不明瞭のまま、方法の厳密化が進んでいると考えている。つづく第２の要素「リアリティ」は現実感覚・実感をともなって、事象をより深く理解しようとすることであり、質的研究でのさまざまな取り組みが該当しよう。ミルズによれば、社会学の理論研究において「グランド・セオリー」と言われる、難しい言葉や文章を精密に積み重ねているのだが、現実との対応関係が曖昧としたままにとどまっている理論がある。それを乗り越えるために、リアリティに満ちた事象への接近と表現力が求められるという主張と理解することができよう。また、IBMがマクロに社会全体をとらえたり、その分布に着目するのに対し、ここでのリアリティにはミクロな個々人の心情や行為のひだにわけいって理解していこうとする視点がある。第３の要素「ヒューマニズム」は一般には人間性の尊重であったり、人道主義的対応などのことをさすが、ここでは、広く社会と人間の関係への関心あるいは社会問題への関心などをしめしていると考えてよいだろう。現代社会において、それらの社会の現実的事象に社会学が正面から取り組む必要性が高くなってきていることを含意していよう。もちろん、事実関係をとらえずに問題解決を声高にとなえ

るスローガンが先行してもしょうがなく、社会学という学問である限り、その事象の社会学的分析をふまえた研究やそれに基づく提唱が人間性の尊重という視点を交えおこなわれる必要がある。

社会学も専門分化が進むにつれ、研究の対象においても、研究の方法においても、各々の分野に特化しながら進めていかなければ有効な研究成果をあげられなくなりつつある。それに抗して、ミルズが唱える3つの要素をバランスよく、社会学があるいは個々人が兼ね備えていこうとする姿勢は、無謀なドン・キホーテ的なふるまいになりつつあるのかもしれない。しかし、それらが有効に混じりあったとき、フランスの社会学者ブルデューが評する社会学者の多面的な仕事のスタイルにいたりうるともいえよう。「社会学者という職業は、社長とか司教にインタビューし、一連の統計表を分析し、歴史的史料を参照し、ビストロでの会話を観察し、理論的論文を読み、他の研究者と討論するなど、こういったことを同じ週の間にやることができる、実に多様性に富んだ職業なのです」［Bourdieu, 1987＝1991, 46］。ここには、理論的に考え、人々の生活にふれつつさまざまなデータや資料を収集し、他の研究者との議論の中で鍛えられていくという、3つの要素を兼ね備えた社会学の知的職人としての姿が描かれている。「社会学＝IBM＋リアリティ＋ヒューマニズム」はシンプルながら社会学研究の核心をつく方程式なのでもある。

2）心得た人——知識の社会的配分

それでは、社会学を学んで得られる知識は、社会全体の中でどのような位置にあるものとして、考えられるだろうか。現象学的社会学のA. シュッツは知識は社会的に配分されているととらえ、その

配分のメカニズム自体が社会学の研究主題となりうると考えた[Schutz, 1964 = 1991]。

シュッツはどのような知識をもち、それをどのようなものと認識しているかによって、人々は3つのタイプに分けることができるととらえた。それは、「市井の人（man on the street）」、「専門家（expert）」、「見識ある市民（well-informed citizen）」である。このなかで、まず、「市井の人」の知識は、日々実際生きていく活動にどうかかわるのかということが重要なので、ある手段と手続きをふんで、ある望ましい結果あるいは望ましくない結果が得られるということがわかればそれで充分である。スマートフォンをもつにあたって高度な電子工学の知識を知っている必要はないし、銀行に貯金するにあたって経済の最新の金融理論に精通している必要はない。私たちはスマートフォンが使え、貯金に利子がつけばそれでよい。市井の人は日常生活をつつがなくおくれる範囲の知識があればよく、それで納得できれば不安に陥ることもない。彼らは自明性の世界に生きている。

それに対して、「専門家」はどうか。専門家の知識はある領域に限定されているが、その範囲では体系的であり、きわめて明晰な判断が下される。専門的な知識は理論的に構成され、実際の検証を経て確立されたものであるから、間違いのないものとして理解されている。専門家たちは明晰性の世界に生きている。しかし、複数の専門同士について翻って考えれば、整合性のある知識体系が併置されているだけで、お互いが両立可能でない場合もあり、そこに溝があることが特殊専門化している意義深さをしめすという評価もありうる。いわゆる「タコつぼ化」と評される事象である。

第3の「見識ある市民」は、ちょうど市井の人と専門家の両者

の理念型の中間に位置するようなタイプである。見識ある市民は市井の人のように自明性の世界にとどまっていることができずに、知識の根拠に自らふみこもうとする。他方、専門家のように体系的で明晰ではあるが、ある範囲に限定された認識に対してあきたらなさを感じてしまう。市井の人と専門家の双方の足場に対して疑問を呈して、問い直しをもとめていく。市井の人の特徴が自明性、専門家のそれが明晰性であるとすると、見識ある市民のそれは自らが自己・集団・社会を振りかえる自省性ということになるであろう。

　シュッツはこのように言う。「見識があるとは、当面の自分の目的には関わりがないけれども、少なくとも自分には間接的には関わりがあると知っているような領野において、理に適った形で裏づけられた意見に到達することを意味する。」自分の専門分野ではなくても、それを弱みとすることなく、分野間を見回して適切な判断をすることができる。そして、見識ある市民は、「有能な専門家が誰であるかを決定するのはまったく自分自身の権限であり、また対立している専門家同士の意見を聴いてから自分の考えを決定するのも完全に自分の権限だと考え」ている［Schutz, 1964 = 1991, 174.175］。専門家の意見に右往左往させられることなく、専門家間の妥当性をも評価しうる存在として、見識ある市民は位置づけられる。

　社会学の言い方の中で、「常識を疑え」というものがある。それは、常識にとらわれた市井の人の考えを疑えということになる。皆が共通にもっている常識というもののなかに、時代のニーズや動向にマッチしない実態があったり、実は誰かの利害関係が密かに隠されていたりすることがあるからである。他方で、社会学では「常識から疑え」と言われることもある。それは専門家の考えも限定された領域からの知見であるから、他の領域にも適用できるかを考えれば、

日常の知識である常識から疑ってみてもかまわないということになる。市井の人の自明性に甘えず、専門家の明晰性にもひきこもらず、見識ある市民として自ら反省的に認識していく態度が社会学には求められていく。そこに自省性があるといってよいであろう。もちろん、常識を疑っても、常識から疑っても、社会に存在する知の書き換えを図っていくことは容易なことではない。R. コリンズらは次のようにいう。「不可能ではないが、社会学は非常に困難な科学である。それは少しずつ自明の日常的確信を疑問視して、いわば確信の網の目を解き放つことにより進歩してきたのである。かつて、哲学についていわれたように、社会学は大洋に漂いながら舟板一枚ずつボートを改造するのに似ている。」[Collins & Makowsky, 1984 = 1987, 5]

加えて、市井の人、専門家、見識ある市民というのは、各々の人に少しずつある要素であって、ある領域の専門家も他の領域においては市井の人にすぎないことが多い。それゆえに、それら3つのバランスが重要であることに自覚的である見識ある市民としての態度が意味あるものとなってくる。

そのような見識ある市民という言い方を、私の個人的好みもあるが、もう少し和らげ、「心得た人」としてみてはどうだろうか。「KY（空気読めない）」でない人といってよいであろうが、自省的に場をわきまえた行動と表現ができる人ということになる。社会学を学んだことで想定される人間像として、常に皮肉屋としてはすに構えるひねくれ者ということも想定できるが、それ自身が「社会学者のシニカル・シンドローム」として、皮肉屋であればいいという自明性にとどまっているように判断できる。むしろ、人生の達人のように心得た行動と判断が柔軟にできるということを、自省性がもたらす

効果として期待してみるのはどうだろうか。それは、生活と研究を切り離さずに、その場と社会を読んでいく知的職人というにふさわしい態度となろう。

3) 球の半径としての知識——無知の無知

つづいて、私たちがもっている知識そのものはどのような働きをするものとしてとらえられるだろうか。私の大学時代に先輩から聞き、もはやどの先生が語っていたのか確認のしようがないのであるが、人間の知識について次のような比喩で諭していただいたことがある。

私たちの知識は球の半径みたいなものである。そして、まず第1に、その球の内部すなわち体積は私たちが「その知識を使ってわかること」である。第2に、球の表面積は知っている知識と外部との接点であるから、私たちが「知らないでいることを知っていること」（無知の知）となる。そして、最後の第3に、球の外に広がる無限の世界は私たちが「知らないことも知らない」（無知の無知）領域になる。この比喩に基づけば、半径が大きくなれば、球の体積によって示される、私たちがその知識を用いて明らかにできる認識というものが拡大していく。しかし、同時に球の表面積によって示される「知らないということを知っている」領域も拡大していく。すなわち、知識が増えれば増えるほど、知っていることも増えるが、実はそれ以上に知らないことが増えていくということになるわけである。授業や演習で学生たちが質問できないのは、実はこのことの裏返しなのでもある。知識が基本的に足りないために、「知らないと知っている」ことがもともと少なく、何を質問していいのかすら頭に浮かばないということになるのである。

学習・研究には終わりがないと言えるし、世界はそれ以上に広いと言える。それは、学問の研鑽をいくら積み重ねていっても、人生そのものを理解するにはわずかなものでしかないと言える。おそらく、重要なのは知識を増やすことそのものなのではなく、知識の獲得以上に拡大する謎に満ちた未知の世界に相対して、心の中に問いを持ち続けることなのであろう。知識は私たちを謙虚にさせる。「わかった」という思い込みが、私たちから想像力や創造力を奪っていく。したがって、「わかった」と思ったときこそ、自分が何も事実をわかっていない、少なくとも自分が気づいていない事実があると思っていく必要がある。

　「問いを立てる」ということは、「答えを出す」ということ以上に重要である。社会学は人間たちが織り成す社会事象を研究対象とするため、多くの自然科学的な現象とは異なって、時代や地域によって、問いに対する答えが異なるということがみられる。したがって、一度出た答えが普遍的な〈真理〉としてあらゆる事象に通用するということは必ずしもいえず、その答えはある状況下における限定された解答というべきことが多い。そのため、限定されたとはいえ答えを出すこともちろん大切なのであるが、同時に、時代を超えて皆に共有されるような鋭い問いであるかどうかも重要さの規準と考えられよう。社会学や社会科学の古典といえるマルクス、デュルケム、ウェーバー、ジンメルなどの仕事は、時代を超えて何度も問い直される問いを立てたところに、その素晴らしさがあるというべきであろう［藤村, 2001, 216-217］。

4）考える道具としての社会学

　ここまで見てきたことを整理しつつ、社会学はどんな性格をもつ

学問だと考えればよいであろうか。フランスの社会学者P. ブルデューはこのようなことを言う。「社会学者に一つの役割があるとすれば、それは教えを垂れることよりも、武器を与えることでしょう。」[Bourdieu, 1980 = 1991, 121] 社会学では、こういうことが正しい、こういうふうにせよと言われることはほぼない。むしろ、それはあなた自身が考えることだとされる。社会学は、そのような決定や判断、そのものを教えるのではなく、それらの決定や判断をするために必要な思考の材料を準備し提供する。

　社会学は、社会科学的な意味において、この世に唯一の〈真理〉が存在するという発想に対して懐疑的になる傾向を持っている。現実がもつ多面性の下において、時代の変化の様相において、説明しきれない事象は常に存在し、それゆえある状況下に限定された〈真実〉として理解する傾向が生み出される。その懐疑的な姿勢は、社会学自身にも向かうので、自分の正しさに対して謙虚であることにもなる。他者が生き感じる世界を理解し、寄り添うため、自分の世界観や価値観を脇においてみること、それが社会学には求められる。したがって、社会学は教えとして社会それ自身や人々の人生をある方向に導いてくれるものではなく、今ある社会のありさまを認識し表現するための道具としての包丁のようなものにすぎない。だから、切れ味鋭い包丁をもって、それで人を殺してしまうか、おいしい刺身料理を作れるかは、それを学んだ人の力量と状況次第ということになる。道具を使うのはあくまで人ということなのである。

　また、社会学をメガネのようなものだとする比喩もある［井上・大村, 1988］。社会学というメガネをかけることによって、これまではっきり見えなかったものが見えてきたり、逆に見えていたものがぼやけてきて、今まではっきり見えていたと思っていたことが実

は錯覚だったのではないかと感じられたりする。メガネはそれ自身が、ものの見え方たる独特の観点、パースペクティブをもっている。したがって、そのようなメガネについて言葉で厳密に定義するよりも、メガネをかけてもらって、実際にどのようなものが見えてくるのか実際に体験してもらうのが有効であろう。その意味では、社会学という道具を実際に使って、社会や人間のことを具体的に考えていくことが重要となってくる。

その際、社会学は、自分の価値観も他者の価値観も相対化することから、はすに構えている皮肉屋・異端児などと見なされることも多い。しかし、A. ビアスの次のような箴言も気にとめておきたい。「冷笑家（cynic n.）――その視力が不完全であるために、物事を、あるべきようにではなく、あるがままに見る、たちの悪い奴」［Bierce, 1967 = 1983, 256］。社会学は物事をあるがままに見ようとする、発想の道具なのである。

社会学は現代社会において躍動感あふれる興味深い知を生み出している。そうするにあたって、それは単に場当たり的な思いつきによって行われているというわけではない。もちろん、創造力あふれる仕事が飛び跳ねるようなアイデアによってなされることがあるのも事実だが、飛び跳ねるためには体力を鍛え、跳ね方を学ぶ必要がある。そのようになされる多くの社会学的認識は、ある思考のパターンをいくつか用いることによってなされている。本書では、社会学のその思考のパターンを「考えるヒント」として整理し、日常生活と社会の相互関係をよりよく理解していく、自ら使える自覚的な道具として読者に提示していくことが目的となる。

以下、本書は3部として構成される。Ⅰ部は「社会学のフット

ワーク」ということで、ミクロ・メゾ・マクロと設定される社会学の理論的視点の3層をさまざまな比喩をとりながら紹介する。Ⅱ部は「社会学のツール」ということで、社会学の分析においてよく使われる比較、分類、意味世界への着目といった視点について検討していく。Ⅲ部は「社会学のポジショニング」ということで、諸科学の中での位置、学問の働きや社会への関わり、想像力を用いる視点について考察していくこととする。

そして、それらの「考えるヒント」を重ね合わせていくことで、イギリスのウェッブ夫妻が語る、日常的な細かい事実の中から人間と社会について大きな視野で理論的に考えていく、社会学の魅力を本書が伝えていくことができればと考えている。「社会学研究という冒険くらい人を魅了し、人の心をとらえてはなすことのないスポーツやゲームがいったい他にあるだろうか。なぜなら、この仕事は、人類の起源・成長・運命についての新しい発見を求める賭けと、事実というささやかな収穫を得る確実性との組合わせを提供してくれるからである。」[S. Webb & B. Webb, 1932 = 1982, 115]

I. 社会学のフットワーク

第2章 野球・サッカーと相互行為
——ミクロ・レベル

　社会学はその分析をおこなう際の視点の置きどころとして3つのレベルを想定することが一般的である。もっとも大きいレベルでは社会全体をとらえてその構造や変動の様子を考えようとする「マクロ・レベル」、もっとも小さいレベルでは社会現象を構成している人々の相互の行為や意識に分けいろうとする「ミクロ・レベル」、そして、そのマクロとミクロの間にあって、社会の動向に集合的な形で影響をおよぼす集団や組織を考察する「メゾ・レベル」の3つである。

　地図に比喩をとるとするならば、マクロ・レベルは天気予報のアメダス日本が日本全体を巨視的にとらえるようなものであり、メゾ・レベルは各地の地形や建物群がわかるように飛行機で撮られる航空写真のように、ミクロ・レベルは各々の通りの人々の息使いや空気感がわかるランチマップのようにとらえようとするものである。地図は縮尺と技法によってさまざまなものを作ることができるわけだが、社会現象もその焦点の置きかたによって複数のレベルでとらえることができる。そして、各々の地図がその作成の観点を有するがゆえの弱点もあるのだが（メルカトル図法では高緯度が著しく拡大する、モルワイデ図法では地図の周辺部が歪むなど）、それぞれなりに正しい地図であるように、社会学の分析のレベルもそれぞれなりの存立根拠があり、そのレベルの間に発生するズレや矛盾、亀裂などに

着目していくことに社会学の面白さも存在している。

社会学の学問的成立は、翻ればフランスにおいて A. コントが「社会再組織に必要な科学的作業のプラン」(1822年) を発表、フランス革命後の社会の混乱をおさめようとしたことに起因し、彼の著作に「社会学」という学問の名称が登場したことによる。いわばマクロな社会変動とその行く末をとらえようとする目的から社会学が始まり、次第にその分析単位をメゾ・レベル、ミクロ・レベルと細かく精緻化していくこととなった。そのような社会学の3つの分析レベルがどのようなものとして位置づけられるかをこれからの3つの章で考察していくこととするが、その際、具体的な事象や比喩が例示としてとられているものを多く皆さんに紹介していくこととしたい。日常生活で皆さんが身近にふれる現象の中に社会学を理論的に考えていく際の芽が宿っていることに気づいていただくとともに、比喩を使うことで視野が一気に変わるおもしろさを知ってもらうためである。数学の図形問題をとくときに補助線が使われるが、補助線を引くことで、それまで見えていた図形の見え方が変化する。補助線を引くことは、現象に潜んでいた予想外の要素間の関係と、その展開の可能性を私たちに垣間見させてくれるのである。比喩にもそのような働きがある。まず本章では社会学のミクロ・レベルの視点に着目してみよう。そこでの理論的視点のいくつかは、これから見ていくように私たちが熱狂し楽しむスポーツの営みの中に見出していくことができるのである。

1) 野球──連動するバックアップ

コントがその主著『実証哲学講義』で「社会学 (sociologie)」を提唱したのは1839年である。まさにその同じ時期、1839年を前

後して大西洋の向こう岸・アメリカでその後国民的スポーツとなっていった野球が始まっていたとされる。[1] ニューヨークのクーパーズタウンでアメリカの野球の歴史は始まったという議論があることから、クーパーズタウンは、野球に対して著名な貢献をした人々をまつるアメリカの野球殿堂があるところとなっている。その後、1845 年に最初のルールが作られ、競技化の途をたどっていくことになり、日本へも 1872 年アメリカの学校教師たちの紹介によって伝えられたとされる。

そのような野球の 1 プレイが、その著作の重要な概念を例示する場面となっている社会学の名著がある。それは、G. H. ミードの『精神・自我・社会』である。ミードは社会学の中の研究の源流のひとつといえるシカゴ学派に属し、その後の社会心理学の生成やシンボリック・インタラクショニズムという理論的立場の祖ともされる研究者である。ミードのこの著作は彼の講義を受講した学生の講義録から死後に編集されたものであるが、著作が出版されたのが 1934 年、野球の始まりから 100 年ほどが経過しようとしていた時期となる。社会学の古典のひとつと言えるミードのこの著作を読み進めながら、野球が例示されている場面に出くわす瞬間は意外な感じもあるのだが、アメリカで既に 100 年の歴史を有するスポーツであったとするなら、それもうなづけるところであろう。

野球は「ゲーム」の一例として取り上げられているのだが、ミードが注目したのはホームランでも奪三振でもなく、チーム・プレイであった。ミードによれば、game は子どもたちの「ごっこ遊び」

---

[1] 1839 年クーパーズタウンで野球が始められたことを起源とするという、スポーツ用品メーカーのスポルディングが設置した、1907 年の E. G. ミルズを委員長とする委員会の報告があるが、いくつかの史実からそれは神話ではないかとされている［佐伯, 1998］。

たる play とは違う組織性をもっており、関連する他者の行動を意識の中で組織的にイメージして自ら振る舞わなければならないことが指摘されている。ミードは野球選手たちのふるまいに着目する。「野球のナインに参加したら、自分自身の守備位置にふくまれている各ポジションの反応を知らねばならない。つまり、自分自身のプレイを遂行するため、他のポジションの人間がどうプレイするかを知っていなければならない。9つの役割の全部を〔意識内で〕やらねばならない。もちろん、9つ全部を同時に意識していなければならないというのではない。けれども、時には3人も4人もがかれ自身の態度のなかにあらわれねばならない。たとえば送球しようとしている人、それを捕球しようとしている人等々。」[Mead, 1934 = 1973, 163] ここでは、それぞれのポジションごとに選手たちはどのようなプレイをするかが、自分の頭の中に入っていて、ひとつのプレイがどのようなプレイにつながるのかを連動させたイメージができていなければならない。「もしもボールを投げる人の態度になっていたら、捕球という反応をすることもできる。両方が、ゲームそのものという目的をたすけるよう関係づけられているのである。両方が、単一の有機的な流儀で相互関連している。」[Mead, 1934 = 1973, 170] 選手たちのプレイは相互にイメージを共有することで意味をもってくる。

具体的な例を考えてみよう。野球においてバックアップ・プレイというのがある。バッターが打って、内野にゴロがころがると、内野手はボールを取って、打者をアウトにするため一塁に投げる。しかし、それが暴投となって、打者が一塁でセーフになるだけでなく、隙をねらって二塁にまで達することがある。それを防ぐため、本来であれば、内野手の送球に何の関係もない捕手が暴投に備えて一塁

付近まで走っていくことがあり、それがバックアップの見本の一例となる。

他方、バッターの打球がころがれば捕手はいつでも一塁に走るのかといえば、そうではない。他の走者がすでに塁にいて、その暴投によって一気に本塁に戻される可能性もあるので、そのような場合は捕手は一塁のバックアップには走らない。すなわち、暴投に備えて捕手が一塁に走るのは機械的に行われる行動なのではなく、条件・状況によって適切な行いであるか否かが変わってくるのである。守備側の選手たちがこれらのプレイを行うためには、彼らに数人の選手の連携したプレイのイメージが共通に持たれていなければならず、ミードはそれを「一般化された他者（generalized other）」として概念化し、次のように説明する。

「野球参加者を例にしてみよう。かれ自身のどの動作をとっても、そのゲームをしている他人の動作をかれがどう想定したか、で規定されている。かれの行為は、そのチームの他のメンバーの一人ひとりにかれがなることで決まっていく。すくなくともこういう態度が、かれ自身の特定の反応に影響をあたえる。こうしてわれわれは、同じプロセスに関与している人びとの態度の組織化という意味でのひとつの『他者』を発見する。ある人にかれの自我の統一をあたえる組織化された共同体もしくは社会集団を、『一般化された他者』とよんでよかろう。一般化された他者の態度は、全共同体の態度である。」［Mead, 1934 = 1973, 165‒166］

ミードの「一般化された他者」は「重要な他者（significant other）」と並ぶ主要な概念である。「重要な他者」はその人の意識や行動に大きな影響をあたえる具体的な人物のことであり、親子や配偶者、友人、同僚などがあげられる。それと対比される形で、ミードは、

私たちが他者の行為をある相互関連の中でイメージする試みの例として野球を取り上げ、その組織化の中に「一般化された他者」という概念を提起したのである。「一般化された他者」は野球で共有されるプレイ・イメージにとどまらない。母親から非難されるような行動をしたとき、同じ非難を父親からも受け、祖父母も、隣のおじさん・おばさんからも、そして学校の先生からも受けるようであれば、それは「重要な他者」からの非難にとどまらず、そういうことをした際の社会全体に一般化された反応として理解することができる。道徳や慣習などはそのようなものとして存在する。そのような状況を理解できなければ、現代風な言い方でいう「KY（空気読めない）」ということになる。

　ミードはそのような「一般化された他者」概念を、アメリカで誕生して100年が経過した野球の連携プレイの中から提起したことになる。スポーツは人間同士が行う相互行為が象徴的にしめされるものであるがゆえに、そのプレイを細かく解析していく中で重要な社会学概念にたどりつくことができたわけである。

2) サッカー——スペースをめぐる戦い

　スポーツの中にそのような社会学の理論的な解読を進めていこう。世界を興奮のるつぼに巻き込むスポーツの祭典として、サッカーのワールドカップがある。その予選には200におよぶ国と地域が参加し、4年に1度の大会は全世界の人々がスタジアムやTVを通じて観戦する。フットボールとも言われ、手を使わずにボールを蹴ってゴールするという基本は簡単なルールながら、さまざまな高度な戦術や肉体を駆使したプレイが行われ、W杯で活躍する選手たちは世界的なスーパースターとなっていく。

サッカーというスポーツは相互行為に満ちている。ここでいう相互行為とは相手の出方に応じてこちらの出方が変わり、こちらの出方によって相手の出方も変わることである。自分がパスを出すかドリブルをするかによって相手の守備の様相は変わり、相手の守備の様相を見つつ、選手たちは自らの攻め手を瞬時に判断する。そのように自分と他者の選択がどちらも相互の相手の選択に依存していることを、社会学的には「ダブル・コンティンジェンシー」（二重の条件依存性）と呼ぶ。

　自チームが攻めていたところ、相手にボールを奪われたら、すぐ守備に切り替え、ボールを奪いにいかなければならない。攻撃と守備が一瞬にして切り替わるサッカーは、その切替えの速さが命綱でもある。サッカーでのカウンター攻撃という戦術は意図的に相手に攻めさせ、攻撃に人数をさいて守備が手薄になったところ、自チームがボールをもった瞬間、2〜3人で一気に敵ゴールに迫って得点を奪う方法である。そこには、「攻撃に人数をかける＝守備が手薄になる」などという、特定の現象は多面的側面を有しており、その意味が一瞬にして反転することが示される。社会学の別の概念を用いるならば、顕在的機能としては攻撃をしているのだが、潜在的機能としては守備を手薄にしてしまっていると位置づけることができる。

　サッカーの戦術の中に、「システム」という選手を配置する陣形の議論がある。それは、GK以外の10人の選手を何列目に何人配置するかということであり、4-4-2とか、3-4-3とかいう形で提示される。野球で言えば守備陣形と言われるものであるが、サッカーの場合、この人数配列が守備的布陣か、攻撃的布陣かという方向性を内包してもいる。しかし、ヘラクレイトスの「万物は流転する」よろしく、そのようなシステムがあっても、ボールが動きつづける

限り、選手たちの位置は自然と変化し続け、流動化する。サッカーでは定位置にとらわれず、流動的で攻守に効率的なプレイ・スタイルが必要とされる。

　サッカーも得点を争うスポーツであるから華麗なゴール・シーンが魅力であるが、同時に、いやそれ以上にサッカーの醍醐味はゴールにいたるためにボールをどう保持するか、そのためのスペースをめぐる争いにあると考えられる。まず、攻撃側にとって「スペースを見つける」「スペースを作る」という動きが重要になってくる。そして、相手守備陣が気づいていないスペースを見つけて、そこに味方選手が走り込めば自由に攻撃できるチャンスが生まれる。さらに、より高度なのは、そこにいた味方選手が動くことで相手の守備側の選手もそれに引っ張られて動き、結果として誰もいないスペースが作りだされ、そこに相手選手に邪魔されないフリーな状態の味方選手が走りこむことで、一気にチャンスを作ることである。それが「スペースを作る」動きと言われるものである。ここにも、「自分が動く＝味方選手が走り込むスペースができる」という、特定の現象にはらむ事態の多面性が示されている。逆に守備側の選手にとっては、自由にプレイするスペースを作られないよう、「スペースを埋める」「スペースを消す」行為が重要となってくる。

　これらに鑑みれば、サッカーがまさしく相互行為に満ちたスポーツであるということができよう。両チームの選手が常に接近しつつ、相手の出方に応じて自らのプレイを変えていくのは、まさに「ダブル・コンティンジェンシー」が瞬時に現実化したようなものである。社会学において、相互行為におけるダブル・コンティンジェンシーに理論的位置づけを与えようとしたのは、T. パーソンズである [Parsons, 1951 = 1974]。パーソンズは、相互行為におけるダブル・

コンティンジェンシーがもたらす不安定で望ましくない結果を回避するために、役割期待の相補化、価値基準が共有される制度的統合、学習を通して価値基準が内面化される社会化、逸脱を処理する社会統制のメカニズムが作動することを指摘する。それらが連動すると過剰に安定した相互行為になってしまうことからパーソンズに対する理論的批判が現れるのだが、サッカーというスポーツにおいてはむしろ安定をつき破り、相手を欺く、ダブル・コンティンジェントを逆手に取って自チームに有利なプレイをしていくことが得点にからむために求められていく。サッカーではポルトガル語で「マリーシア」と言われる、駆け引きで機転をきかせ試合を有利に運ぶことが高く評価される。

　サッカーのように局面が連続的にダブル・コンティンジェントに展開するスポーツと対比すれば、先に見た野球は相対的に個々の選手が一つひとつのプレイを断続的に行っていく社会的行為の要素の強いゲームと言うことができるだろう。野球は攻撃と守備が回の表と裏に分かれて順番に行われ、攻撃側でなければ得点は入らない。そして、投手が投げ捕手が受け、内野・外野の守備ポジションが定位置として基本的に決まり、流れの中であっても外野手が内野に来て守るようなことはない。攻撃側の選手も決められた打順にしたがって打撃をし、1塁から本塁まで決められた順番に塁を回って得点をねらう。一つひとつのプレイの範囲が確定しており、1プレイが終わればゲームは止まり、作戦を練る時間がある。その意味で野球における行為は連続する展開の中でおこなわれるのではなく、一つひとつ完結する形で断続的に進行する。

　社会学の歴史において、社会的行為への明確な関心を打ち出したのはM. ウェーバーである。彼は社会学とは「社会的行為を解釈に

よって理解するという方法で社会的行為の過程および結果を因果的に説明しようとする科学」であるとした [Weber, 1922 = 1972, 8]。社会的行為とは当のひとりの行為者に視点をおいて、その行為者が他者を指向してなす行為のことをさすが、それをさらに進めた相互行為は各々の行為者の行為が互いに相手側の反応をよびおこす刺激として作用し、社会的行為のやりとりが action-reaction として相互に能動的・受動的に呼応しあう過程を全体としてとらえようとするものである。野球もサッカーも両チームの選手が相互に接触しぶつかりあうスポーツであるが、そのゲームの進み方の性質から、野球は社会的行為のスポーツ、サッカーは社会的相互行為のスポーツと相対的な対比のもとでとらえることも許されるであろう。

3）審判——パフォーマンスによる相互行為秩序

スポーツは選手たちの社会的行為・社会的相互行為によって構成されているわけだが、それは必ずしも選手だけがおこなうものではない。それが試合として行われるとき、さまざまな判定をおこなう審判がいる。その審判の行為も社会学の視点でとらえることができる。例をあげていこう。審判は選手たちのプレイに対してすばやく判定を下さなければならない。野球で言えば、ボール or ストライク、アウト or セーフである。ゲームを進行させる以上、そこでの判定に逡巡やあいまいさは許されない。そのため、審判は自分のジャッジに確信がもてないときであっても自信をもって判定したという印象を選手・観客に与えなければならない。なぜならば、そうしないと試合が円滑に進まないからである。

そのような状況を的確にとらえているのが、ゴッフマンの「相互行為秩序（interaction order）」という概念である。これは、人々が

ある場の秩序を維持するために、相互行為の過程において、ある演技的行為をすることである。それをよくしめしているのが、同じくゴッフマンにある「印象操作（impression management）」という考え方である［Goffman, 1959 = 1974］。それは、自己の行為を統御・統制することを通じて、その行為を見ている人たち、いわば舞台において観客（オーディエンス）たちがもつ自分のイメージを操作しようとするものである。印象操作は一般には自らの利益のため、自分の印象を意図的に操作していくという利己的なイメージが持たれる事象である。しかし、そのような印象操作は自己利益を目的とするのみではなく、矛盾した情報を観客に与えて混乱させることなく一貫した印象をもってもらうことであったり、その場の円滑な進行を図るためにも使われうるものなのでもある。審判の大げさなジェスチュアやパフォーマンスは、自分の威厳や威信の維持という利己的動機も含まれているであろうが、むしろ試合の円滑な秩序維持の要請に応えようとするものなのである［井上・大村, 1988］。

　こういう逸話もある。野球の審判は、ストライクーボールの判定を瞬時に行う必要があるが、当然判定に一瞬迷い、間ができることもある。有能な審判は、そのような一瞬の間を感じ取られ、選手たちから「迷ったな」という印象をもたれないよう、問題のない普通のストライク―ボールの判定のときも一瞬の間をおいてジャッジし、迷ったときの一瞬の間を見抜かれないように微妙な時間をかけて判定をするという話もある。

　スポーツの試合においては、選手や審判にとどまらず、観客もいる。するとそこには、［選手－審判］、［選手・審判－観客］という形で［見る人－見られる人］という関係がさらに多層的に成立し、選手や審判のおこなう行為が表現性をもったパフォーマンスとして

見られてもいく。選手が試合に集中せず観客へのアピールだけをねらう行為は「スタンド・プレイ」と称されて非難されることもあるが、スポーツにおいて審判や観客が存在することは、ひとつの行為の中に逃れられずにスポーツとしてのプレイと、見られるものとしてのパフォーマンスが混じりあっていることを明瞭にする。スポーツ社会学で使われる「スペクテイト・スポーツ（spectate sport）」という考え方は、「する」ものと考えられてきたスポーツが、さまざまな全国大会・国際大会の隆盛、各種スタジアムの建設、メディアでのリアルタイムな視聴などの条件が整うことによって、「スペクテイト＝見る」ものとしても成立してきたことをしめしている。[2]

4）相互行為からの自己・相互行為からの社会

　ここまで、野球のチーム・プレイの中にミードの考える「一般化された他者」の概念が、サッカーのスペースをめぐる争いの中にパーソンズが提起した「ダブル・コンティンジェンシー」の概念が、ゲームを円滑に進めようとする審判の行為と思惑の中にゴフマンのとらえる「相互行為秩序」の概念が見出されることを確認してきた。これらにより、人々の営みを相互行為としてとらえることで、「一般化された他者」のように他者の行動が抽象化されて私たちの共通のイメージの中に埋め込まれていたり、「ダブル・コンティンジェンシー」のように相互の次の一手が相関関係にあったり、「相互行為秩序」のように場を維持するための行為があるといったように、日常生活をより深く巧みに理解していくための視点を得ることがで

---

[2] つけ加えるならば、スポーツには、勝利を目的に戦う「プレイヤー」と異なって趣味の域でスポーツを楽しむ「ユーザー」、スポーツ観戦をするだけの「スペクテイター」にとどまらず、スタジアムを祝祭空間に変えるべく旗や楽器、声援やウェーブで応援を楽しむ「パフォーマー」などの類型を設定することもできる［藤村 , 1996b］。

きる。このような相互行為という視点をさらに進めることで、ミクロ社会学においては自我の成立やその性質という問題へ新たな接近をしていくことができる。

先にふれたミードは、「一般化された他者」の検討を深めて、その態度が自己のうちで組織化されたものを「ミー（me）」と呼び、この態度が要求するものに対する自己の反応を「アイ（I）」とする。ミーが言語でいう目的格であり、アイが主格であることから、自我の中には受動性・能動性が内包されていることになる。自己の中において、アイとミーは内的な相互作用を展開し、自己のありようを形作っていく。ミードはこのように言う。「自己とは、まず存在していて、そのつぎに他者と関係をむすんでいくようなものではなく、それは社会的潮流のなかの、いわば小さな渦で、したがって社会的潮流の一部である」[Mead, 1934 = 1973, 195]。無数の相互行為の大きな潮流の中にできる小さな渦のようなものとして自分はある。社会学の中で早い段階で相互行為に着目したドイツの哲学者・社会学者ジンメルも次のように言う。「個人とは社会的な糸がたがいに結びあう場所にすぎず、人格とはこの結合が生じる特別な様式にほかならない」[Simmel 1908 = 1994（上), 12]。社会現象としてあるものは相互行為であり、それを糸に例えるならば、個人はその糸の結び目に生成するものとしてとらえられるのである。ミードやジンメルの思想は、自我や個人というものは固有の確固たる「存在」であるというより、さまざまなものを巻き込む渦のような「現象」、あるいはさまざまな要因の交点に成立する糸の結び目のような「現象」なのだとするのである。ジンメルは個性というものも、個人に帰属するのではなく、さまざまに異なる集団所属のパターンが作り出す、他にはない組合せのことだとする。社会学の理論家たちの中

で相互行為に焦点をあてる彼だからこそ、こう言う。「多くの諸個人が相互作用に入るとき、そこに社会は存在する」[Simmel 1908 = 1994（上），15] と。

　スポーツは勝負に立ち向かう選手たちがプレイで相互にぶつかりあい、審判や観客も登場人物となる演劇的な空間ととらえることができる。それゆえに、人々の営みを相互行為としてとらえる社会学に、ミクロ・レベルでさまざまに考える素材をスポーツは提供してくれるのである。社会学がスポーツから多くを学ぶことができるとともに、社会をスポーツのようにダイナミックにとらえていくことも求められるのであろう。

第3章 オーケストラと組織——メゾ・レベル

　前章では、社会学の分析レベルの第1としてミクロ・レベルに着目したが、第2のそれはメゾ・レベルである。そこでは、社会の動向に集合的な形で影響をおよぼす集団や組織の営みが考察される。集団や組織として、家族や学校、友人や趣味の集まり、企業組織や地域集団などをあげることができ、さらに現代的にはネットワーク的なつながりまで視野を広げていく時代となっている。そのようにさまざまな集団や組織があるのだが、本章ではまずオーケストラという組織に焦点をあてて、議論を重ねてみることにしよう。なぜならば、古今の著名な社会科学者・哲学者たちがこの組織にかかわってさまざまな議論をしてきているからである。

1）指揮者の立場——監督と創造

　オーケストラは組織の比喩とされることが多い。オーケストラにかかわる議論を展開した社会科学者・哲学者として、ここでふれるのは、時代が異なるもののK.マルクス、T.アドルノ、P.F.ドラッカー、そしてA.シュッツである。各々、経済学、哲学、経営学、社会学と学問的ディシプリンを異にし、その着目点も社会の動きとの対比、組織内部の人間関係、統率的行為がとられていく根拠たる媒体などと異なるものの、その焦点にはオーケストラの組織運営と共同性という問題があった。

オーケストラは指揮者を中心とし、管弦楽団とも言われる通り、複数の弦楽器・管楽器・打楽器の編成によって、主にクラシック音楽を演奏するために組織された集団である。そこでは、共に専門職である指揮者と演奏家たちの共同的で葛藤的な関係が展開する。まず、オーケストラがひとつのまとまりであることに着目したアドルノは次のように言う。オーケストラは「なにか小宇宙のようなものをそれ自体のなかにつくりあげて」おり、それゆえに、「そのままの姿でとらえることは絶対にできない社会というもの」の具体的な考察の対象となりうるものであるとする［Adorno, 1962＝1970, 180］。オーケストラ自身が小宇宙とも称せられる、ある独特のまとまりをしめしており、具体的な人物たちが演奏を通じてまとまり、活動していくところに、社会というものをとらえる素材があると考えられている。

　19世紀半ば、労働と資本の問題について鋭く問うたのは、他ならぬK.マルクスである。彼はオーケストラに労働における指揮・監督の問題を見たのである。『資本論』第3巻でこのように述べられる。「一面では、多数の個人が協業するすべての労働では、過程の連絡と統一とは、必然的に、オーケストラの指揮者の場合のように、一つの司令的意志において、また諸々の部分労働でなく作業上の総活動に関する諸機能において、現れる。これは、どんな結合的生産様式においても為されねばならぬ一つの生産的労働である。

　他面、――商人的部門は全く度外視する――直接的生産者としての労働者と生産手段の所有者との対立にもとづくすべての生産様式においては、こうした監督労働が必然的に生ずる。この対立が大きければ大きいほど、この監督労働の演ずる役割はますます大きい」［Marx, 1894＝1954, 544-545］。

マルクスは協業的な結合的生産労働において指揮・監督労働が必要であり、また労働者と資本家が対立する状況において指揮・監督労働が必要となると述べている。人々が働くとき、そこには多くの人びとをまとめ、方向性を導く指示を出す人が必要であり、その機能はいついかなる時代・社会においても必要となる。加えて、マルクスはそこに動きつつある時代の変化を解読していった。

「資本的生産そのものは、指揮指導という労働を資本所有から全く分離して街頭をさまように至らしめた。したがって、この指揮指導という労働が資本家によって行われることは無用となった。楽長はオーケストラ楽器の所有者たることを全く要せず、いわんや、彼が他の楽士たちの『賃金』に何か関係せねばならぬということは指揮者としての彼の機能には属しない」［Marx, 1894 = 1954, 549］。

　すなわち、指揮・監督労働が必要だとしても、それは資本家によって行われる必要がなくなった。それは経営が資本所有から分離して、その機能が独立的に行われるようになってきたからである。オーケストラの指揮者は楽器をもたず、賃金を支払う役割でもないにもかかわらず、指揮・監督を行うのであり、それは資本と経営の分離という現象に比喩しうる事象なのである。

　マルクスはオーケストラに指揮者が必要だという比喩を使って、指揮・監督労働をするものの常なる必要性、他方で、それが必ずしも資本家である必要がないという資本と経営の分離の問題をとらえ、経営管理者という存在の可能性を提起することになった。

　マルクスからほぼ100年の時を経て登場し、マネジメントの父と評せられたドラッカーは音楽の街・ウィーン生まれであり、彼は『最後の四重奏』という音楽をあつかった小説も書いている［山岸, 2013, 18-19］。そのように、音楽に造詣の深いドラッカーにもオー

ケストラの指揮者を経営管理者に例える比喩が登場する。

「指揮者自身は楽器を演奏しない。演奏の仕方については何も知らなくてよい。仕事は一つひとつの楽器の特性を知り、それぞれから最適の演奏を引き出すことである。彼自身は指揮する。演奏する代わりに指揮する」[Drucker, 1969 = 2007, 241]。指揮者はオーケストラにおいて唯一楽器を演奏せず、音を出さない音楽家であり、基本的には聴衆に背中を向け、楽団のメンバーから最高の演奏を引き出すことが仕事となる。それは、マルクスの時代を超えて、経営管理者が企業をマネジメントするという立場から新たな価値の創造へと踏み出す必要性が高まっていることが示される。

「経営管理者は、部分の総計を超える総体、すなわち投入された資源の総計を超えるものを生み出さなければならない。喩えていうならばオーケストラの指揮者である。指揮者の力、ビジョン、リーダーシップによって、単に音を出すにすぎない楽器が生きた総体としての音楽を生み出す。しかし、指揮者は作曲家の楽譜を手にする。指揮者は、いわば翻訳家である。だが経営管理者は、指揮者であるとともに作曲家である」[Drucker, 1954 = 2006, 211]。作曲家の楽譜を翻訳しつつ、指揮者は演奏家たちの個々の演奏を超えて、楽器が生きた総体としてハーモニーを奏でるよう音楽観の提示や指導力の発揮を求められる。そのためには、オーケストラという組織全体への目配りも必要となる。

「組織としての真の総体を生み出すには、経営管理者たる者がそのあらゆる行動において、総体としての成果を考えるとともに、多様な活動が相乗的な成果をもたらすよう留意しなければならない。おそらくここにおいて、オーケストラとの比較が重要な意味をもつ。オーケストラの指揮者は常に、オーケストラ全体の音とともに第二

オーボエの音を聴く」[Drucker, 1954 = 2006, 211]。第二オーボエは第一オーボエと異なり、主旋律や重要なパートを担うことは少ない。したがって、オーケストラ全体の音色の中から第二オーボエのパートだけを取り出して聞き分けることはとても難しい。しかし、表面に出てこないがゆえに、第二オーボエの音の出来具合がオーケストラ全体の音の質を決めることもある[山岸, 2013, 30]。指揮者はそれを聞き分ける必要がある。さらに、指揮者を超えて、経営管理者は目につきにくい多様な活動が相乗的な成果につながるような構想やプランと実行力をもっていなければならない。

マルクスが資本と経営の分離による指揮・監督する経営管理者という存在の可能性の提起をおこなったとすると、マネジメントが専門のドラッカーは経営管理者がもたらす新たな価値の創造まで踏み込み、そのために適材適所で使いこなした個々の労働者の成果が相乗化していくことまでを視野に入れようとしている。そこには、企業組織が資本家－労働者の対立図式にとどまることなく、新たな価値を生み出して企業間競争にサバイバルし、かつそこで働く人たちの職業満足度やキャリア形成に資することまでが求められる時代になっているということをしめしていよう。

2) 指揮者の資質――カリスマ性と共同達成

アドルノは指揮者が持つ大きな力に着目しつつ、それが専門家である演奏家たちとの間に生み出す社会関係に目を向けている。「オーケストラは指揮者のうちなる専門家、あばれ馬を御すことのできる専門家を、尊敬する。それができるかぎりにおいて、指揮者ははじめから社交界の花形とは逆のものであるように思われる。しかし、その専門家としての資格の一部には、非専門的な素質そのものがく

わわっている。馬を御すことのできるのはサーカスの監督である、(中略) ちょうど、りっぱな医者にはどこかやぶ医者的なところが、つまり分業的な科学的合理性を越えたファンタジーの残余が、そなわっているのとおなじである」[Adorno, 1962 = 1970, 189]。アドルノは指揮者の資質の中には、オーケストラという巨大な組織をまとめるがゆえに、むしろ非専門性、科学的合理性を超え出る何かが必要であるととらえている。

アドルノがそのような指摘をするとき、私たちは、M. ウェーバーの周知の「支配の3類型」の「カリスマ的支配」の概念を思い浮かべる。3類型は命令と服従からなる支配という現象がどのような正当性を有するかという観点から分類したもので、第1に支配者が体現する伝統の神聖性を根拠とする「伝統的支配」、第2に宗教的指導者や軍事的英雄などの支配者が天与の資質、すなわちカリスマを所有していることを根拠とする「カリスマ的支配」、第3に正しい手続きによって制定された法や規則を支配の根拠とする「合法的支配」があげられる。近代そのものはこの第3の合法的支配が浸透していく時代であり、合法的支配の最も純粋な形態が官僚制である。そこにおいては、法や規則に対して服従がなされ、ひとたび制定された規則はあらゆる場合に形式的に等しく適用されるという「形式合理性」を有し、その結果、形式合理的な計算や予測が可能となる。また、官僚制では水平的・垂直的に権限が分割され、ヒエラルキー型の組織として各自の職務が専門化されている [Weber, 1956 = 1960]。官僚制は恣意性を排した運営がなされるという意味で高度に効率的である一方、人間性を専門の枠に押し込め、自動機械のように動く冷徹な組織でもある。ウェーバーはそれを「鉄の檻」としてとらえた。

しかし、近代が「鉄の檻」であるがゆえに、私たちは自動機械ではないような、人間性を大きく感じられるものに憧憬する。そのひとつの形が、支配類型としては第2にあたるカリスマへの待望であろう。カリスマは神の贈り物という神学用語であり、ある人物が非日常的で超自然的な資質をしめし、それゆえ神から遣わされたものであるという特別の権威を認められることである。宗教的指導者や呪術者、軍事的英雄やデマゴーグなどが共通に発揮する指導者としての人格や天与の資質に人々は情緒的に魅了され、熱狂・苦悩・希望などをともなって全人格的な帰依を捧げ、その絆によって結びついている。

 指揮者に対して、そのようなカリスマ性が求められることは多い。演奏家たちは各々の楽器の専門家であり、一家言のあるそのような人たちをまとめていくにはある並外れた力が必要となる。他方で、専門職でもある演奏家たちにとって、自らの演奏がなければオーケストラは成り立たないわけだから、指揮者への一方的な帰依をよしとするわけでもない。そこに、宗教的指導者やデマゴーグに民衆が信奉・狂喜するのとは違う世界が存在する。

 「指揮者に対するオーケストラの好悪はあい拮抗している。輝かしいできばえをのぞむ気持ちから、一方では指揮者によって統御されることを熱望するが、同時に指揮者は、自分では弾いたり吹いたりする必要もなく、演奏する人たちを踏台にしてでしゃばる寄食者であって、うさんくさい存在である」[Adorno, 1962＝1970, 190]。その結果、「オーケストラ楽員の社会心理はエディプス的性格のそれであって、反抗と屈従のあいだをゆれ動くのである」[Adorno, 1962＝1970, 192]。オーケストラの楽団員は指揮者に対して、カリスマ性あふれ統率の取れた指揮を望みつつ、他方で、専門家である

自分たちの力量を充分に評価してほしいというゆれ動く気持ちを有している。団員たちが反抗と屈従の微妙なバランスの中にいることを、「権威主義的パーソナリティ」の研究者であるアドルノは指摘するわけである。

　実際の演奏家たちはどう思っているのだろうか。ウィーン・フィルハーモニーで第2ヴァイオリンを長らく務めたオットー・シュトラッサーは次のように語る。「コンサート演奏ということは、協同の芸術上の仕事であり、指揮者側にもオーケストラ側にも、双方に、同等の重要な機能の遂行が要請される。」指揮者と演奏家たちは芸術作品としての音楽を高めていくための共同作業に取り組む人々と考えられている。それゆえ、指揮者がオーケストラをどのようにとらえているかが、演奏家たちにとって、自らの意欲を高めていくために重要になってくる。その関係は、「指揮者が——彼は作品に対する自分のイメージを、実現するべく指揮しているわけだが、その仕事を可能にする協力者、助力者と見なしているかどうかにかかっている。そして、その協力者に対して彼は評価と感謝をもって報いるか否かに。その反対は、指揮者にとってオーケストラは、彼が好むように弾く単なる楽器でしかないのである」[Strasser, 1981 = 1985, 178]。パートナーとして見るのか、道具として見るのか。「このような持続する協力者の仕事は、好ましい前提のもとでは、夫婦生活に似たようなものである。しかし、その間に、お互いの関係が消耗されていき、恋愛結婚が分別結婚になり、果ては最悪の場合、離婚にまで至ることもある」[Strasser, 1981 = 1985, 179]。したがって、オーケストラをまとめ、彼らの演奏への集中力と意欲を高めるため、指揮者は「心理学者でなければならない、人間たちの扱い方を心得ていなくてはならない。音楽家たちは敏感なものである」[Strasser,

1981 = 1985, 182]。

　指揮者だけではオーケストラは成り立たないわけであるから、演奏家たちと協力的な体制をしき、より良いパフォーマンスを仕上げていくために、指揮者にはカリスマにとどまっているだけではすまず、いっそうの管理能力が問われる。ここにおいて再び、マネジメントの父であるドラッカーに語ってもらおう。「優れた指揮者は、各演奏家、各パートとの接触を深める。雇用関係は与件であって、メンバーは変えられない。したがって、成果をあげるのは、指揮者の対人能力である」[Drucker, 2002 = 2002, 180]。そのためには、何度も何度も練習に臨み、演奏家たちと共通の時間をもっていくことが必要となる。「世界一流のオーケストラを作るには、第一クラリネット奏者が指揮者の望む演奏ができるまで、一緒に何度も同じ楽節をリハーサルすることである」[Drucker, 2002 = 2002, 182]。優れた組織は働き手の潜在能力を見つけ出し、それを伸ばすために時間を費やしていくことが求められる。

　結局のところ、一人の優れた指揮者、一人の秀でた演奏家によってだけでは、名演奏は生まれない。オーケストラのメンバーが一つの目標に向かって精進していくことが、その最善の方法なのである。カリスマ性を有する指揮者が経営管理者のごとくふるまい、演奏家たちに寄り添い、その意欲を刺激しながらオーケストラをまとめていく時代が訪れているのであろう。「偉大なソロを集めたオーケストラが最高のオーケストラではない。優れたメンバーが最高の演奏をするものが最高のオーケストラである」[Drucker, 2002 = 2002, 180]。

3）楽譜を通した多層的コミュニケーション

　音楽や絵画など芸術をめぐる美というものが存在する。そのうち、音楽が絵画鑑賞などと決定的に異なるのは、作曲家という送り手と聴衆という受け手との間に、再現者・伝達者としての指揮者・演奏家が介在していることである。絵画において、鑑賞者はその1枚の絵と直接向き合う。作者と鑑賞者の間に介在するものはない。しかし、音楽の作品では送り手と受け手の間に人が介在し、同じ1つの作品でも指揮者やオーケストラが異なれば異なった演奏となり、異なる魅力が存在する。演劇や音楽が再現芸術と言われ、再現に関わって介在する人たちもその作品の表現に寄与するわけである。すると、音楽においては、作曲家—指揮者—演奏家—聴衆というコミュニケーションの流れがあり、オーケストラ自身がそのコミュニケーションを支える媒体であるという理解が必要ということになってくる［山岸, 2013, 238-239］。これらの多層的なコミュニケーションの様相をめぐって、いくつかのことを考えてみよう。

　オーケストラは当然曲がなければ、その演奏行為が成り立たないわけだが、共同の演奏行為を成り立たせているのが楽譜の存在である。ドラッカーはこの楽譜が人々を動かしていくおおもとであるととらえている。「一人の指揮者の下で、数百人の音楽家が共に演奏できるのは、全員が同じ楽譜をもっているからである。フルートやティンパニーの奏者が何をいつ演奏すべきかは、楽譜が教えてくれる。指揮者に対しても、それぞれの奏者に何をいつ期待すべきかは、楽譜が教えてくれる。」［Drucker, 1988 = 2010, 108］指揮者は全ての楽器の楽譜がのった総譜（スコア）をもち、各演奏家たちはパート譜を持つ。そういう違いを有しつつ、オーケストラの団員全てが楽譜を持ち、ひとつの楽曲を奏でるべく、自らの役割を担って指揮

や演奏にあたる。指揮者の仕事は特にこのようなものとなる。「今後トップの仕事は、私が知る限りもっとも複雑な仕事、すなわちオペラの総監督の仕事に似たものとなる。スターがいる。命令はできない。共演の歌手が大勢いて、オーケストラがいる。裏方がいる。すべて異質の人たちである。しかし総監督には楽譜がある。みなが同じ楽譜を持っている。その楽譜を使い、最高の結果を出す。トップが取り組むべき仕事がこれである」[Drucker, 2002＝2002, 147]。異なる役割の異なる人々がいるなかで、オーケストラの人々がその演奏行為をあわせていく準拠の源として楽譜があるのである。

　共通の楽譜を持つことで、オーケストラ全体が、そして演奏をする各自が何をいつ、どのタイミングですべきかがわかる。当然ながら、広い舞台の上では、他の楽器パートの相手の音に合わせて演奏することは難しく、指揮者の指示にしたがって演奏に入っていくほうが音をあわせるうえで、あいやすいとされる。それゆえ、音の世界に入っていく、指揮者と演奏家たちは目標を共有しておくことも重要となる。先にふれたウィーンフィルハーモニーの第2ヴァイオリン奏者シュトラッサーは、指揮者とオーケストラを結ぶ重要な絆は「演奏の成功」と「音楽上の体験」であり、白熱の時間を共有できるかどうかが、相互に共属しているという感情を呼び覚まし強化するために重要であるという[Strasser, 1981＝1985, 179]。

　シュトラッサーはここにおいて、指揮者と演奏家たちの共属感情についてふれているのだが、音楽上の白熱の時間を共有するのは指揮者と演奏家の二者に限られるわけではない。楽曲の作り手である作曲家、楽曲の聞き手である聴衆までを含めた共属感を考えてみてもよい。

　A. シュッツは、「われ」と「汝」が生き生きとした現実の中で、「わ

れわれ」として両当事者に経験されるために必要なものを「相互調整関係（mutual tuning-in relationship）」と呼び、音楽の演奏過程において、その現実態が実現しているとした［Schutz, 1951 = 1980, 110］。演奏家たちが演奏をすること、それは作曲家と聴衆の間に自らを介在させ、相互調整を図ることなのである。「演奏者——歌手や楽器の奏者——のすぐれた社会的機能とは、作曲家と聴取者の間を媒介することである。演奏者は音楽過程を再生することで、作曲家の意識の流れと聴取者の意識の流れにともに関わることになる。それによって聴取者は、当該の音楽作品の固有の意味、すなわち内的時間における流れの特有な分節化に没頭することができるようになる。（中略）いずれの環境でも、演奏者と聴取者は音楽過程が続いているうちは互いに『調整』されており、同一の内的時間の流れをともに生きつつ、時を経ていくのである」［Schutz, 1951 = 1980, 126］。音楽の内的時間が、作曲家—指揮者—演奏家—聴衆の流れの中で各々に「相互調整」されて流れていく。他方で、指揮者と演奏家たちが同じ空間・時間を共有し、相互の演奏を意識しながら音色を奏でていくという、物理的な外的な時間の流れがある。この内的時間と外的時間が演奏の中で統一的に表現されることで、音楽過程には生き生きとした同時性・現在性が保証されるのである［Schutz, 1951 = 1980, 130］。

　作曲家—指揮者—演奏家—聴衆の流れの中に成立しうる相互調整関係において、それは単なる再現にとどまらない創造性の要素を包含している。先にふれたように、ドラッカーは共通に持っている楽譜が相互理解を可能にし、人びとを動かしていくととらえた。ドラッカーの指摘が可能なように、楽譜には作曲家の意図がだいたい書かれている。しかし、全てが書かれているわけではない。全てが書

かれていないからこそ、音楽の指揮者と演奏家の解釈を交え、一期一会のその演奏に個性が付与されてくるのである。「作曲家が楽譜を書いた瞬間に、曲は作曲家の手を離れ、演奏家の解釈にゆだねられるオープンな存在になるのである。作曲家は、楽譜から逸脱しない限り、演奏に対して批評はできても批判はできない。演奏家は、作曲家の意図を超える演奏を、演奏家の責任をもって行うことができるのである」[山岸, 2013, 98]。

楽譜がコミュニケーションの基礎づけとしてありながら、そこに人が介在することによって、楽譜を超え出る部分が生成してくる。ここまでオーケストラを組織の比喩として見てきたわけだが、最後に翻って逆に組織をオーケストラの比喩でとらえてみることはできないだろうか。作曲家が作曲し、指揮者と演奏家が介在し、聴衆へといたる流れを一連の多層的なコミュニケーションととらえるとき、その流れを今度は官僚制が営まれる合法的な支配の下での政策における制度と行為へと喩えてみることができる。法治国家を生きる私たちは、立法府によって文書たる法律が作られることを知っている。これが、言わば楽譜である。しかし、法律はそれが決まればそれで社会の仕組みが全て動くわけではなく、それを具体的に運用可能なように区分し、個々の判断と行動が付加されていく必要がある。

合法的支配がなされる官僚制において、政策はひとつの制度体系として存在し、政策決定システムによって決定され、政策実施システムによって実施されていく。ここでいう政策決定システムとは立法府たる議会において法律・条令や予算が決められていく行為システムであり、政策実施システムとは法律の指示を受けた行政府（中央政府や地方政府など）によって、政策目的の実現のため利用者に向けた活動が営まれる行為システムである。政策決定システムでの

図 3-1　政策過程モデル…音楽と対比して

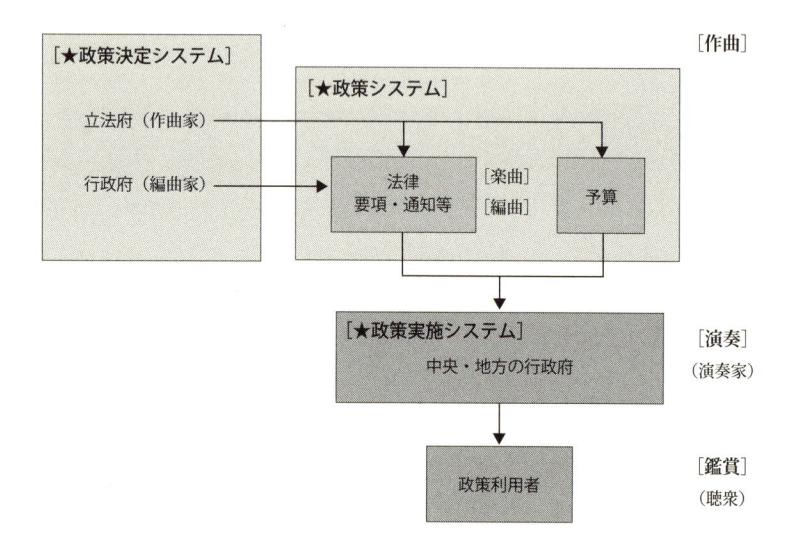

```
[★政策決定システム]                                              [作曲]
    立法府（作曲家）    [★政策システム]
                       ┌─────────────────────────┐
    行政府（編曲家）   │  法律        [楽曲]      │
                       │  要項・通知等 [編曲]  予算│
                       └─────────────────────────┘
                                 │
                                 ▼
                       [★政策実施システム]                      [演奏]
                         中央・地方の行政府                    （演奏家）
                                 │
                                 ▼
                           政策利用者                          [鑑賞]
                                                              （聴衆）
```

　立法府の行為は作曲家の行為たる作曲にあたり、政策実施システムは演奏家の行為たる演奏にあたる。2つの行為システムの間にある制度である政策システムは官僚制の媒体であることから文書によって構成され、音楽でいう楽譜としてとらえることができる。その中でも、政策システムの柱である法律はメインのメロディー・ラインであり、行政府が用意する通知・通達は楽器ごとの演奏にあわせた編曲がおこなわれることと位置づけられるであろう。このように制度と行為を分けて考えてみると、政策の効果があまり現れないとき、その原因が法律にあるのか、通知・通達にあるのか、音楽に喩えれば、聴衆にとって満足いく演奏が得られないとき、作曲家の作曲がまずいのか、演奏家の演奏がまずいのか、その双方なのか、見極めていくことが問題解決のために重要となろう。

作曲によってすべてが決まるわけではなく、演奏家の才覚や優劣によって異なった演奏がなされることは、政策運営においても同じようなことがいえる（図3-1）［藤村, 1999, 81］。

　以上、社会学の分析的にはメゾ・レベルといえる、組織の代表例たるオーケストラの諸研究を見てきた。マルクスは指揮労働の不可欠性と資本と経営の分離を、アドルノは指揮者と演奏家にみられるカリスマ性とエディプス・コンプレックスの表裏一体を、シュッツは立場の異なる人々が音楽を享受するに必要な相互調整関係のありさまを、そして、ドラッカーはオーケストラが楽譜という合法的文書を通じつつ、オーケストラがどのような組織としてまとまっていくのかを論じていた。論者の着目点は社会の動きとの対比、組織内部の人間関係、統率的行為がとられていく根拠たる媒体と異なっていたものの、その焦点はオーケストラの組織運営と共同性という問題であった。

　200年ほどのオーケストラの歴史において、各々の時期の研究者がそれぞれの立場からこの組織のその位置づけや性質を論じていることは、私たちが人々の集まりとして組織を避けて通れない存在であるがゆえに、具体的な題材に比喩をとりながら、その多面的特徴を考えることの重要性を教えてくれる。

第4章 複素数空間と社会
——マクロ・レベル

　社会学の分析のレベルとして、ミクロ・レベル、メゾ・レベルに着目してきたが、第3のレベルがマクロ・レベルである。それは、もっとも大きいレベルとして社会やその全体をとらえ、そこでの社会構造や社会変動の様子を考察しようとするレベルである。従来、人々の意識や行動が完結する「全体社会（total society）」の範囲として地域共同体がその単位であった時代を経て、19世紀以降、近代化にともなう経済の産業化、政治の民主化などによって国民国家の形成がみられ、国家をマクロ・レベルの分析単位とする時代が長らくつづいた。しかし、21世紀をまたぐここ20年ほどの間に起こっているグローバル化の事象は、国家をその最終単位とすることなく、人々が生きて交流するものとしての「世界社会」、それを取り囲む自然環境までを含めて「地球社会」というような視点を必要としてきている。他方で、そのことは社会というものの存立を私たちに問い返すような状況を生み出してもいる。

　そのように、マクロ・レベルではグローバル化の問題が重要な事象のひとつではあるものの、これまで社会学において、私たちが社会というものをとらえようとしてきた試みを分類してみると、それを性質として論じてきた場合、私たちを取り巻く環境の内容として論じてきた場合、そして、その範域に関連して論じてきた場合などに区分して考えてみることができる。この章では、そのようにマクロ・

レベルで社会を考察する際のいくつかの考え方を提示してみよう。

1）社会と個人──虚数と実数

　「われわれは社会に所属する人びとを見てはきたが、誰もこれまで『社会』を見た者はいない」［Collins & Makowsky, 1984 = 1987, 6］。R. コリンズらが言う通り、社会を研究対象とする学問である社会学でありながら、社会がどのように存在するのかしないのか、それ自身が長らく（そして、今も）論議の対象となってきた。社会をどのような性質の事象としてとらえるのかという問題である。まず、そこには、対比的な視角である「社会唯名論」（あるいは「社会名目論」）と「社会実在論」という議論が存在してきた。

　社会唯名論では社会は個々人の行為を単に集めた結果であって、実在するのは個人のみであると考えるのに対して、社会実在論では、確かに社会は個々人の行為からなるにせよ、諸個人から自立し、諸個人の行為には還元されえない独自な性質をもつ実在であると考える。前者では、集合的・社会的に把握される社会構造も諸個人の行為に還元できると考える〈還元可能性〉の視点を特徴とするのに対し、後者では、社会は諸個人の行為に還元できない性質を有しており、個人の行為が集積する過程で新たな性質が付加され、それを〈創発特性〉という視点として把握する。この創発特性には、毛利元就の「3本の矢」の逸話が該当しよう。病床に伏していた元就が、3人の息子をよび、1本1本では簡単に折れてしまう矢も3本まとまると簡単には折れないことを見せ、兄弟の結束の必要性を説いたとされる話である。矢が3本まとまったときに持った合力の力が創発特性ということになる。社会唯名論と社会実在論の両者は容易に協調しあうものではないが、一方で全体社会の構造や変動を理解

し、他方で人間の行為と意識の理解を課題とする社会学は、顕微鏡から望遠鏡まで、言わばレンズの倍率を自在に変化させ、複眼的に用いることで、社会的なるものに接近しようとしてきたともいえるのである。

　他方、この両者を接合しようとする理論的試みもいくつかなされており、その視点は、「ミクロ―マクロ・リンク」と称される。例えば、J. S. コールマンが社会構造はミクロな行為主体の選択行動の前提条件であり、そのような選択行動の集積が社会構造の変動を帰結するという合理的選択理論の立場から論じれば、P. ブルデューは日常の習慣的な態度が体系化されたハビトゥスは特定の社会構造と人々がおこなう実践の間を媒介する、過去によって構造化された構造であると同時に、現在の知覚や行動・思考を構造化する構造であるとする文化的再生産の立場から論じている。社会的行為と社会構造が出会う接点をとらえる概念や考えを設定することで両者の接合が試みられている。

　本書の特徴として比喩がもたらす視角の転換に各章とも着目しているわけだが、マクロ・レベルにおいても比喩が許されるのだとするなら、私たちの目の前で展開される行為の数々と、その無数の集積として想定され、私たちの行為の背景条件となったり、制約するものとしての社会構造との関係、すなわち個人と社会の関係は、思考実験的に数学でいう「実数」と「虚数」の関係と考えてみることはどうだろうか。

　実数は real number と呼ばれ、虚数は imaginary number と呼ばれる。虚数は文字通り「想像上の数値」ということであるが、それを設定することによって数学上の視界が大きく広がる。実数に加えて、虚数を虚数単位 i ($i^2 = -1$) によって考えることにより、実部 a

と虚部 bi によって構成される「複素数（complex number）」a+bi を設定することができる。すると、実数はこの複素数の虚部 bi が 0 のものとして、虚数は複素数の実部 a が 0 のものとして位置づけられ、実数と虚数を同一の次元で考えていくことができる。このことは、実数は数直線上の点として表すことができるものの、それが 1 次元の限られた世界にとどまっていたものが、複素数の設定によって、横軸に実部、縦軸に虚部を位置づけた 2 次元平面の空間として複素数を把握していくことを可能とする。確かに存在する実数との対比で想像上の虚数を設定することによって、複素数空間が想定されることになる。社会学の言葉に戻すならば、確かに存在する人びとの行為に対応する社会的なものを設定することを通じて、行為の累積を超え出る効果を想定するということになろう。それこそが、コリンズが言うとおり、見ることも触ることもできないながら、想像上において私たちを取り巻き、影響を与えるものとしての社会を考察するということになってくる。

　虚数はその後オイラーの公式によって指数関数や三角関数と結合し、単なる数学の世界だけにとどまらず、物理学など理工学においても重要な役割を果たすこととなっていった。相対性理論とならんで 20 世紀最大の発見とよばれる量子力学においても虚数が活躍し、粒子に波動性を与える数式表現において、虚数を使うことでの有益性がしめされているといわれる［村上, 2000, 150］。

　虚数を用いる複素数が登場することによって、数学や理工学において新たな展開を見ることになった。見ることもさわることもできない社会を設定することで、私たちは社会学という学問を立ち上げることになったのである。

2) 私たちを多層的に取り巻く環境――自然・人間・メディア

　第8章でより詳しくふれられるが、心理学と社会学とを対比したとき、心理学は事象の原因を人間の内部の要因に求めるのに対して、社会学はその原因を人間の外部の要因に求めるという傾向がある。その意味で、社会学は人間の行動や意識が環境による影響を大いに受けていると徹底的に考えてみる思考でもある。

　過去から現在にいたる社会科学では、私たちがさまざまな環境に取り巻かれる中で、何とかかわりながら行動してきたのかの焦点を変えながら、各種の社会理論を構成してきたと言うこともできる。そのような環境としてあげられるのは、まず「自然」であり、つづいて「人間」であり、そして、「メディア」であるととらえて見よう。それぞれにまつわる社会理論はここ150年ほどの間に順々に登場し、その焦点となるものの多層性を深めていった。そのような研究の代表例としてとりあげる社会科学者たちは、自然に対してがK. マルクス、人間に対してがM. ウェーバー、そして、メディアに対してがM. マクルーハンである。

　まず、人間を取り巻く環境をどのようにとらえるのかの第1段階的な理解として、対峙されるのは「自然」であり、それに検討を加えた代表例がマルクスである。マルクスはその若き日にエンゲルスと執筆した『ドイツ・イデオロギー』において、このように述べる。「人類史全般の第一の前提は、いうまでもなく、生きた人間諸個人の生存である。第一に確定されるべき構成要件は、それゆえ、これら諸個人の身体組織と、それによって与えられる身体以外の自然に対する関係である。われわれは、ここではもちろん、人間そのものの肉体的特質についても、また人間が眼前に見出す自然的諸条件、すなわち地質学的、山水詩的、風土的その他の諸関係について

も、立ち入ることはできない。歴史記述はすべて、この自然的基礎ならびにそれが歴史の行程の中で人間の営為によってこうむる変容から、出発しなければならない」[Marx & Engels, 1845-46＝2002, 25-26]。[3]

　私たちは自然の中で、生命体を有する自然として生きている。私たちは「人間的自然（human nature）」とも言われるように、生命体として物質的な身体をもった存在である。そのため、食物を食べて、生命の再生産を果たさなければ生きていけない。狩猟や農耕だけの段階であれば、その食物を自ら獲得・生産していたわけだが、本格的な資本主義段階になったとき、人々は労働者になることと引き換えに鎖からの自由と土地からの自由を手に入れる。それは、奴隷的存在ではなく、また労働者としてより良き仕事を求めて土地を離れて地域移動をしていく存在となることである。そのことは、自由を手に入れたわけだが、同時に自ら食物を自給することができないため、食物を購入する必要があり、そのための貨幣が必要となることを意味する。したがって、仕事がなく失業状態になれば、あるいは高齢となって雇われなくなれば、即刻食うに困る状態となっていくわけである。

　そのような人間的自然を物質的に生きつつ、私たち自身はさらにその背景として自然環境に支えられつつ、生きている。近代合理性にともなう諸営為において私たちは自然を管理しようとして、その管理に成功できずにいる。むしろ、現在まさに環境問題や自然災害に遭遇するという形で自然の反乱や自然の脅威を知り、人間はその無力さを痛感している。私たちはまずまっさきに自分たちを取り巻

3　同訳書において示されている、手稿において抹消された部分の記載は省略した。

く環境として、自然環境の中で生きていることを自覚しなければならない。

第2段階的には、人間に対するのは「人間」たちが作り出す「人的環境」であり、それを社会学理論上の議論の俎上にあげた代表例はウェーバーとなる。先にもふれたように、ウェーバーは『社会学の根本概念』でこのように述べる。社会学は「社会的行為を解釈によって理解するという方法で社会的行為の過程および結果を因果的に説明しようとする科学」である［Weber, 1922 = 1972, 8］。「行為」は、行為者にとって意味をもたない「行動」とは区別され、行為者が主観的な意味を含ませている人間行動のことであり、その中でも社会的行為とは「行為者の考えている意味が他の人々の行動と関係を持ち、その過程がこれに左右されるような行為」、「他の人びとの過去や現在の行動、或いは、未来に予想される行動へ向けられる」行為である［Weber, 1922 = 1972, 8, 35］。したがって、人間のすべての行為が社会的行為というわけではなく、社会的行為においては他者指向性の有無がひとつのキーポイントになってくる。

このような他者と関連するものとしての社会的行為への着目は、私たちの行為の対象として重視されるものが「自然」から「人間」に代わり、「人間」たちとの間でより濃密なコミュニケーションがなされ、それを通じて集団・組織の進展、さらには産業構造の農業から商工業への変化の一端がしめされているととらえてみることはできないだろうか。

人間への関心というものは時期を前後して労働組織の研究においても高まってくる。F. W. テーラーらの科学的管理法への疑問から、1920年代に行われたいわゆるホーソン実験によって、G. E. メイヨーやF. J. レスリスバーガーらが唱えていく人間関係論である［吉原,

2013]。集団の生産性は非公式集団の規範によって規定され、組織内の人間は経済的・物理的要因だけでなく社会的・心理的要因によって動機づけられるという知見が実験から得られることになった。これらの研究には実証方法など問題点も指摘されたが、その後の組織行動論やリーダーシップ論へと研究が展開する道筋が作られていった。人的環境を調査対象・操作対象としてとらえ、組織のパフォーマンスをあげていくための調整という視点が組織理論として確立されてくることになる。

　ウェーバーが社会的行為への着目を宣言した『社会学の根本概念』では、社会的行為から始まって、社会関係、正当的秩序、団体と、次第に規模の大きい現象へと射程を広げ、最終的には国家と教会が議論される。諸個人のミクロな社会的行為を基軸におきつつ、社会的行為が連結していくことによって、マクロな社会現象を社会的行為が集積して作り出され再構成されていくものとして描き出されていることになる。ウェーバーの社会的行為から始めるそのような方法論は、方法論的個人主義のひとつともよばれるのだが、そのこと自身を、人間を取り巻く環境への視点が「自然」から「人間」へ変わりうる時代の視点の変化と思考実験的に考えてみてはどうだろうか。

　第3段階ともいえる現代において、人間が対峙している環境として「メディア」に着目しなければならない。メディアを環境としてとらえた古典的な例が、W. リップマンの『世論』である [Lippmann, 1922 = 1987]。マスメディアが提供し、人々が脳裏で描く環境は、現実環境のイメージにすぎない「擬似環境（pseudo-environment）」であり、それは現実環境の正確な再現ではなく、マスメディア情報による認識のゆがみをともなっている。リップマンは1914年8月の第1次世界大戦の開戦を知らずに大西洋に浮かぶ島で生活をし

ていた英独仏の市民が、9月中ばに郵便船がもたらした情報によって互いが交戦状態にあることを6週間後に知り、やがて社交が途絶えていったことを指摘している。人々の行動は、相互に友好的だった6週間の島の現実環境ではなく、敵対し合っているとメディアが伝える擬似環境に反応したものとなっていったのである。

擬似環境というやや否定的なニュアンスをともなうことなく、メディアが私たちの生活や意識へ独特の形で影響を与えることに注目したのが、M.マクルーハンである［McLuhan, 1962 = 1987, McLuhan, 1964 = 1987］。その主張は「メディアはメッセージである」という言説に表現されている。メディアはその言葉通り、メッセージを乗せて運ぶための媒体であり、それ自身はメッセージをもたないものと考えられていた。マクルーハンはあらゆるメディアは人間の感覚器官や運動器官が外に向かって拡張したものであり、いったん外化したメディアは今度は逆に人間の感覚に反作用して、新たな感覚の編成を作り出す。メディアはそれが運ぶメッセージとは独立に、人間の経験や関係を再編する力をもっている。例えば、私たちがどのメディアを使うかということは、それ自体がメッセージ性を含意している。「おはよう、元気」という簡単な挨拶を携帯メールで送って伝えるなら、それは短文ながら相互の気遣いを伝える暖かみのある行為となるが、同じ短い文章を切手代を使い郵送するとするならば、ある種の重みと謎をもってしまい、そのような短文を時間とお金をかけて伝える事情が背後にあるのかというサスペンス・ドラマのような状況となろう。

マクルーハンはメディアの変遷を、話し言葉（声）、文字、電気の段階に区分する。話し言葉は個々の五感に訴えるとともに、そこに集う皆に働きかけ相互関係を作り出す。それに対し、文字の出現

図 4-1 人間を取り巻く諸環境

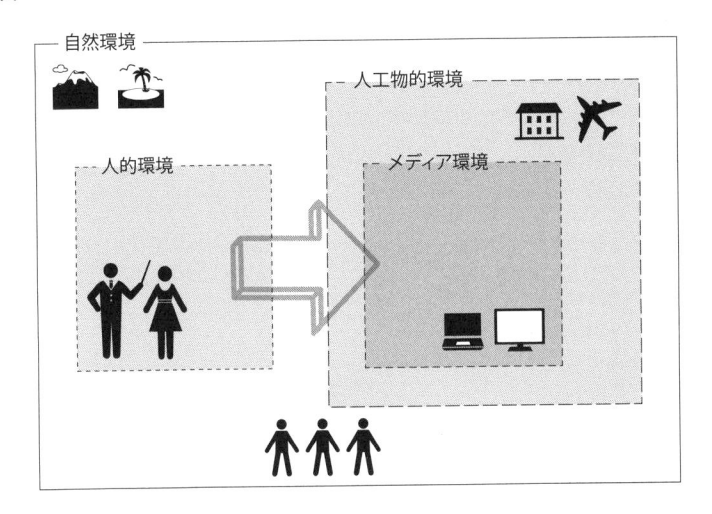

は目で見る視覚の重要性を増加させ、印刷技術の進展はそれを個々人が読むという形で個人主義を進める一方で、同じ言葉を読み書きする遠くの人びとを結びつけ、国民という新たな統合を生み出してナショナリズム成立への役割を果たす。やがて登場した電気メディアは、その代表例のテレビのように諸感覚の再動員を要請するとともに、広大な空間に散らばりながら同じ番組を見ている人たちに大いなる統合を生み出す。彼は地球大の相互依存関係の可能性を「グローバル・ビレッジ」と呼んだ。

現在、マクルーハンの「グローバル・ビレッジ」のような様相を示し、ウェブやスマートフォンが作り出す世界規模のネットワークが私たちを取り囲み、さまざまなコンテンツが作り出すヴァーチャルな世界をも私たちが生きる姿は、「メディア環境」と呼ぶのがふさわしい状況となっている。

以上、順次見てきたように、自然環境・人的環境・メディア環境、これらが多層的に存在し交錯する影響を受けながら、私たちは社会を生きていると考えられる（図4-1）。そして、今まさに人間が作り出したはずのメディア環境が人的環境と並び立ち、むしろ人的環境を翻弄するような時代の真っ只中にいるのである。

3）社会の超越あるいは社会の終焉
　　——グローバル化と個人化の進行する中で

　ここまでマクロ・レベルの社会の見方について、複素数空間の比喩、自然・人間・メディアの多層的環境としての理解という形で説明をしてきた。そのような見方の設定はある程度普遍的なものとして可能であるのだが、近年のグローバル化と個人化の動きはそのようなマクロ・レベルの設定に疑問符を提起してきている。それは、社会の超越、社会の終焉とでも言えるような事象である。各々検討してみよう。

　社会からの超越は、言うまでもなく、グローバル化の進展により、これまで全体社会を論ずるときの基本的範域となっていた国家単位を超えた事態がさまざまに起こっていることである。壮大な歴史社会学を展開するM.マンは現代を次のように評する。「今日われわれが住んでいるのは、地球大の社会である。それは一元的な社会ではなく、イデオロギー共同体でも国家でもなく、単一の〈力〉のネットワークである。衝撃波はたちどころに全体に伝わって帝国を没落させ、大量の人員、物資、メッセージを輸送し、ついにはこの惑星の生態系や大気をも脅かすに至っている」[Mann, 1993 = 2005, 上16]。ヒト・モノ・カネ・情報の世界規模での動きはいっそう大きくなって、衝撃波のようなものとなってきており、国家を超え出る

そのような動きは、人々が生きて交流するものとしての「世界社会」、それを取り囲む自然環境までを含めて「地球社会」という視点にたどりついている［庄司編, 2009］。

　その点を、J.アーリは「社会を超える社会学」という問題設定として提起している。それは、グローバル化の進行する時代において、国民国家を基軸として社会を研究対象としてきた社会学には限界があり、より流動的で「移動」を中心概念とするとらえ方が必要となってきているというものである。「再構成された社会学の中心には、社会（ソサエティ）よりも移動（モビリティ）を据えるべきだ」［Urry, 2000＝2006, 368］。静的で動きのない空間的な「領域」という観点から脱し、グローバルな水準で展開する動きや移動性、偶発的な秩序化などに焦点をあてていく必要がある。彼は、それを具体的な素材たる旅行・自動車・ウォーキング・居住・シチズンシップの中に取り上げて、移動の問題を考察していこうとする。

　そのように世界全体における流動性ともいえるグローバル化が社会を超え出る形で進む一方で、それと相携えるように進展しているのが個人化である。近代化・産業化において、さまざまな中間集団の衰退が論じられてきても、そこには安定的な家族と職業が存在すると考えられてきた。しかし、従来安定的とみられていた家族と職業も実は分割可能なものであることがわかり、それらが不安定化し流動化する方向で進んでいるのが20世紀後半以降の個人化である［武川, 2007］。核家族はシングルへと変化し、経済的自立や身辺自立を個人で果たさなければならなくなり、雇用も企業側の雇用調整の強化や企業保障の衰退によって不安定化する。集団から解放された個人は自立と自由を手に入れるが、他方で集団による保護を喪失し、場合によっては集団から排除される場合もある。古くはマンハ

イムが「甲羅のない蟹」として、集団の絆を失った人間たちの精神的抵抗力の問題に着目したような表現が現代を生きる人びとの不安定さにもあてはまろう［Mannheim, 1943 = 1976, 382］。

　そのような状況は「社会的なものの終焉」を私たちにしめしてみせる［三上, 2010］。社会によって守られない個人、自己決定や自己責任の強化、公共概念のゆらぎなどとして、社会的なものの終焉は経験されている。そこには、「個人〈と〉社会」という形で、個人と社会の両者を結びつけようとする関心の弱まり、むしろ個人と社会が切断されるような様相が反映している。家族・親族、地域、国家の存在が曖昧になっていくにつれ、社会という存在を想起することも難しくなっていることがしめされる。「"同じ人間同士が作る一つの社会に生きている"という実感を我々はもはや喪失しつつあるのかも知れない」［三上, 2010, 61］。

　「社会的なものの終焉」は、社会学のアイデンティティ・クライシスを含意しうる。「社会的なものの終焉」というとき、それをより正確に言うならば、「社会」そのものの終焉というより、「連帯」の終焉ととらえるべきものであろう。冷徹なグローバル・スタンダードによって進行する世界経済の諸相と、他方で、格差の許容と自己責任の論理が貫徹するとき、私たちは連帯の道筋を構想することが容易でなくなっている。もちろん、NPO的な活動体としての連帯もあるものの、切迫感のあるものとして、防犯やリスクへの不安による連帯として「治安共同体」、生活基盤・産業基盤の崩壊による連帯としての「災害共同体」をあげることができるかもしれない。治安共同体は体感不安への想像力が連帯をつなぎ、災害共同体は生死にさらされる事態が連帯を作り出していく［藤村, 2013］。

　そのように連帯の多様な形態が錯綜するとき、社会という言葉に

内包されるささやかな意味が浮上してくる。「いかに奇妙に聞こえようとも『社会的な社会』というものを、——たとえば市場原理にのみ支配される『市場社会』に対置しながら——語ることが、少なくとも論理的には可能なのである」[市野川, 2006, ix]。そこには市場とは異なる形で存在すると想定されうる社会的な、連帯的な、共同的な営みとして人々の集まりを理解していこうとする視線がある。グローバル化の現象の一端は、国民国家に対する資本の忠誠が大幅に減退・消失することであり、利益を求めて国家を超える「資本逃避（キャピタル・フライト）」が浸透することでもある。そうであるならば、それにも抗して、言わば国民国家を超えた人々の連帯としての「社会のグローバル化」という課題が浮上してくるという考え方もあろう [市野川, 2006, 223-224]。「社会的なものの終焉」の先にあるもの、私たちは今それを展望することができない。

最後に、マクロ・レベルでの比喩として使った複素数の話に再び戻ろう。移動に中心概念をおくことを提唱した先のアーリは、流動性という観点から、ゾーハーとマーシャルの『量子的社会』という研究にも着目している。そこでは、量子力学が提起した時間・空間・物質の境界をものともしない奇怪な法則からなる不確定な世界の議論をふまえて、波動と粒子の間の作用を社会の創発的性格と類似するものとしてとらえる指摘をとりあげている。確固として存在する人間の行為や社会集団を計測可能な粒子ととらえ、それとの対比で、創発的な全体を生み出すグローバルな効果を量子力学の波動に見立てて議論していくということである [Urry, 2000 = 2006, 215]。

本章の冒頭でふれた社会を虚数から想定される複素数空間と考えてみる思考は、先に見たように虚数が量子力学の説明に用いられ、そこでの粒子と波動の関係が今度は翻って人間の行為と社会の創発

的性格の関係に結びつけられるとき、ちょうど循環することになる。複素数を通じて把握される粒子と波動の関係が、行為と社会の関係に例えられる。

　逆に、大澤真幸は20世紀に登場した量子力学と対比することで、20世紀同時代の思想・社会科学における特性の変化を描き出すことを試みている。「量子力学に関して、私は、次のようなイメージをもつ。神は、人間に、本来は見てはいけない宇宙のからくりを、神としてももともとは見せるつもりがなかった宇宙の深淵を、何かの手違いで、あるいはちょっとしたいたずら心で、一瞬だけ垣間見せてしまったのだ、と。」「量子力学を、（量子力学を生み出した母胎でもある）同時代の社会科学、哲学、芸術、政治的革命運動等と自由に関連づけること、量子力学の謎を、それら同時代の知や実践の諸分野にも潜在していた同じ謎を可視化させる媒体として活用すること、これがその技巧である。」[大澤, 2010, 2-3]。

　神は、神秘に満ちた量子力学の世界の存在を、そして、人々の行為が形成しつつ謎に満ちた社会というものへの気づきを、いたずら心で教えたのかもしれない。

II. 社会学のツール

第5章 3つの「開国」──比較と機能

1) 比較による時間の磁場の解放

 政治学者の丸山眞男に「開国」という論考がある。「開国とはある象徴的な事態の表現としても、また一定の歴史的現実を指示する言葉としても理解される」[丸山, 1959, 79]。抽象的にいうならば、「開国」はベルクソンやポッパーといった哲学者らがいう「閉じた社会」から「開いた社会」への転換的な推移をしめすといえる。他方、歴史的現実として日本で考えれば、江戸時代末期に鎖国を取りやめ、明治維新によって文明開化・殖産興業・富国強兵へと日本が近代化の道を歩んでいったことをさす。皆さんも「開国」と聞くと、そう考えるであろう。

 しかし、丸山が開国についてこのような2つの説明をわざわざするということは、抽象的な「開国」と歴史的な「開国」の間で思考の往復運動を果たすことが必要だと考えているからである。そのため、彼は「開国」という言葉が明治維新期に限定的に使われる拘束から解放し、日本の長い歴史の中に3回の「開国」を求めようとする。「日本は象徴的にいえば三たび『開国』のチャンスをもった。室町末期から戦国にかけてがその第一であり、幕末維新がその第二であり、今次の敗戦後がその第三である。(中略)第三の『開国』の真只中にある私達は、歴史的な開国をただ一定の歴史的現実に定着させずに、そこから現在的な問題と意味とを自由に汲みとること

が必要と思われる」[丸山, 1959, 80]。この論考が出版された1959年、丸山は戦後日本の10数年の中に新たな「開国」を感じ、明治期の「開国」との比較を構想したのであろう。

　すなわち、「開国」と著名に言われる明治維新期にとどまることなく、「開国」という現象として理解される歴史事象のひとつは、16世紀末期に日本に鉄砲とキリスト教が西欧から伝来してきたことであり、もうひとつは、太平洋戦争の敗戦によって日本に戦後民主主義やそれにともなう新たな社会的仕組みが入ってきたことであると彼はとらえる。丸山は「開国」を明治維新期に限定せずにとらえ、閉じられた状態にある日本に対して外部に存在する現象が国内に流入・導入されるときの問題状況と効果を理念型的に分析しようとした。日本に「開国が3回あった」と聞くと、皆さん、ある言葉の魔法から瞬間解き放たれたような自由さを感じないだろうか。「言葉を文脈から解放すること」、そこに考えるヒントのひとつがある。

　歴史研究者であるならば、そのように時間軸を超えたまったく違う歴史事象を比較の土俵にのせるということが、日本史研究の定石からいってありえないことであろう。歴史を個別に叙述をするだけのものとするならば3つの時代を対比することそのものに意味を見いだせないであろうし、他方、細かい叙述を大きく捨象して形式的に3つの時代を比較するだけならば現実に潜む人々の営みの息使いと歴史の意外性がもつ豊穣さが抜け落ちてしまう。丸山の理念の実現をめざすならば、抽象性と具象性の間をつなぎ、思考を粘り強く往復させる運動が必要となってくる。

　この3つの時期を比較の俎上にのせることを通じて、国内事情と対外関係にどのような骨太の事実があったのかを見抜き、そのことによって、その骨格にどのような具体的な事象が肉付けされて、

本来の歴史事象となったのかをあわせて検討することができる。3つの開国の時期を日本の外部の問題がどのようなものであったのかをみると、16世紀末の世界は大航海時代の幕開けであり、それは、I. ウォーラスティンの唱える世界システム論の勃興なのでもあった。次に、江戸末期の黒船来航は欧州勢力のアジア進出が進む中、アメリカの太平洋政策の一端であった。そして、敗戦後の日本はGHQの中核であるアメリカの国際政治の傘の中に入り、冷戦構造の中で再配置される事態の前兆にあったのである。これらのことで、3つの時期の類似性と各々の時期の個別性がより深く浮かびあがってくるといえるであろう。グローバル化が進む21世紀の現代であるならば、さまざまな諸現象を第4の、あるいは第5の「開国」として、歴史比較の視野を拡大していく必要もあろうし、可能でもあろう。第4、第5の「開国」に何を設定するか、そこには、鉄砲・キリスト教―文明開化―戦後民主主義との比較で、私たちが何を質的に、また規模的に妥当なものとして選択するのかという問題関心が問われることになる。

2）比較から機能へ

丸山が3つの時期に着目して、それを「開国」としてとらえようとしたことは、時代を超えて、「国を開く〈働き〉」というものに焦点をあてようとしたと理解することができる。そのように、ある事象が当該個人・集団・社会に対してどのような働きをするかということを「機能（function）」という。

皆さんが高校時代までに習ってきた数学の関数のこともfunctionという。関数は、数式 $y = f(x)$ で表されていたはずである。ここででてくるfの文字がfunctionのことをさしており、xをfに入れる

と変換されてyとなって出てくるということになる。そのとき、変換をへることで、xとyはもはや異なったものになっていたりする。例えば、シンクロナイズド・スイミングの水面下では予想もできない手や足の水かきが行われている（x）のに、水面上では優美な芸術的表現が展開される（y）ことになる。そのような、xがyに変換されて異なった意味となっていく様相を社会現象で問うならば、①行為者の意図・見た目・原因と結果の分離、②同一現象であっても個人・集団・社会というレベルごとでの結果の意味の相違といったことをうみだしていく。例えば、親が愛情を持って子どもを育てたこと（x）が、甘やかしにつながり、わがままな子を作る（y）ことになるかもしれない。好意をもった相手に頻度高く気持ちを伝えたいという行為（x）が、度を越し、相手に受入れられなければストーカー行為と化して（y）評価される。さらに、若者が遊びに熱心で日曜日に投票にいかない（x）という個人レベルの行動が、高齢者政策を優遇する政党の候補者が通り、若者に不利な政策が提起される（y）という社会レベルの帰結をもたらすこともある。E. デュルケムはこのように言う。「あるひとつの社会現象を説明しようとする場合、それを生み出す作用原因と、それが果たす機能とは、別個に探究されなければならない。」[Durkheim, 1895 = 1979, 196]

このような機能への着目を、比較の側面をもちながらすすめると、機能分析へと近づけていくことができる。その際の観点のひとつが、「機能的等価項目（あるいは機能的選択項目）」である。それは、特定の社会や集団にとってのある機能を果たしうる項目に対して、ある一定の可能な変化の範囲を想定し、同等のあるいは類似の機能を果たしうるものを相互に機能的に等価と判断していくものである。もちろん、全ての変化や代替が可能であるわけではないから、その変

化を制限する構造的限界も存在する。一般に機能が細かく分化するほど代替はきかなくなるが、それでも多くの選択肢があるようであれば、その集団や社会の適応力が高く、柔軟であることを示していよう［Merton, 1949 = 1961, 47］。

　この機能的等価項目を適切に設定できるならば、それは社会現象の中にその骨格を見抜く高い洞察力が身についてきたといえる。例えば、地域の祭りは、さまざまな祭礼と豊作祈願などを主目的としつつ、食・酒・踊り・山車・男女の出会いなど非日常的な感覚の中、聖なる世界が繰り広げられる。しかし、現代においてはそのような形で人々が集まる祭りは地域社会の衰退と並行して弱まっているとされることが多い（復活や再生をとげている祭りの例もあるが）。そのように理解することもできるのだが、視点を変えて、現代社会で多くの人々が集まる熱狂的な非日常的な現象はないかと考えるならば、ミュージシャンのコンサートやスタジアムのスポーツ・イベントが現代のお祭りと評されてもよいであろう。そこでの人々の熱気・狂騒は祭りとなんら変わるところはない。同じく、最近の若者たちの政治への関心が低いとしても、それは明治期の自由民権運動のような時代であれば政治弁士たちがヒーローとなって若者の関心を集めたであろうが、現代の若者の多くがどのような言葉にひかれるのかで考えれば、彼らの関心は音楽にあり、楽曲でミュージシャンやアーティストたちが歌詞にこめるメッセージが若者たちの胸を打つものとして位置づけられることがあげられよう。若者の心をつかむ言葉の発信が政治から音楽に変わってきていると見ることができる。他方で、若者たちの音楽離れ、カラオケ離れが言われてひさしいが、それは彼らがお金をかける対象が音楽から通信機器・アプリケーション・ソフトのほうに変わってきているのであり、若者の小遣いの

使い先がメディア内で音楽から通信に変わってきているととらえられるのである。このように、ある機能を果たす手段は1対1に限られることなく、複数の手段がありうるのである。以上、祭りとコンサート、若者にとっての政治と音楽、小遣いのつぎ込み先としてのカラオケと通信などの各々を、機能的等価項目としておけることを説明してきた。

　以上、見てきたように、比較や機能的等価項目の発見という試みは私たちの頭を活性化させる重要な方法のひとつである。各々の事象を将棋盤の駒のように配置して、近いもの同士を比較するにとどまらず、遠いもの同士を違和感なく比較の俎上にのせることができるかどうかは、分析に立ち向かう料理人の腕の見せどころでもあるのである。

3) 比較対象の設定

　比較をするということは、当該の事象の位置を正確に測ろうとすることでもある。それは当該の事象だけに着目するならば、中空に浮かんだ評価不能の状態のようなものにとどまることを防いでくれる。例えば、身長が175cmあるとして、この人は身長が高いのか、低いのか。170cmの人よりは高く、180cmの人よりは低い。日本人なら高いほうかもしれないが、欧米人であれば低いほうとなろう。さらにそれがプロ・バスケットボール選手だとするならばかなり低いほうになろう。比較の対象を設定し、それを評価する基準を設定することで初めて自分の位置がわかってくる。まさに、「井の中の蛙大海を知らず」にならないためには、大海を知る必要がある。

　それでは、どのような比較対象の設定が可能なのか。ここでは4つの比較対象を考えてみよう。過去・未来・空間・理想の4つで

ある。

　①過去との比較：まず、現在の位置を測るために過去と比べるという方法がある。2010年代の日本社会の諸数値を位置づけるため、20年の間隔をおいて、1990年、1970年の同様の数値と比較してみることができる。具体的に例をあげれば、日本の65歳以上人口比率は1970年7.1％、1990年12.1％、2010年23.1％となる。近年の伸びが急カーブになっていることがわかる。

　②将来・未来との比較：次に、現在の趨勢を将来に引き伸ばし、その事象の予測と比較してみるという方法がある。未来との比較で現在を位置づけ、過去―現在―未来を時間軸上に並べることによって、その事象の来し方行く末をとらえることが可能となる。人口減少社会に入っている日本の総人口は2010年で1億2805万人であるが、国立社会保障人口問題研究所の推計で2030年に1億1661万人、2055年に9193万人、2105年に4609万人と予測されている。急激な減少であることが理解できるが、同時にほぼ同人口と評せる過去の時代にさかのぼっていくと、1980年が1億1706万人、1955年が9007万人、日本で最初の国勢調査がおこなわれた1920年が5596万人であり、同じようなスピードで過去にあった少ない人口の社会に戻っていくところがある。1920年から2105年の約200年間できれいな山型の分布を示すものとして日本の人口変動をとらえることができる。

　③地域比較・国際比較：同じことは、空間を超えておこなえば地域比較・国際比較ということになってくる。先の65歳以上人口が国連による高齢化社会の基準の7％から14％に達するまでにかかった時間を倍化年数というが、日本のそれは1970年の高齢化社会突入から1994年のそれまで24年がかかっている。フランスの

図5-1　研究上の比較対象の配置

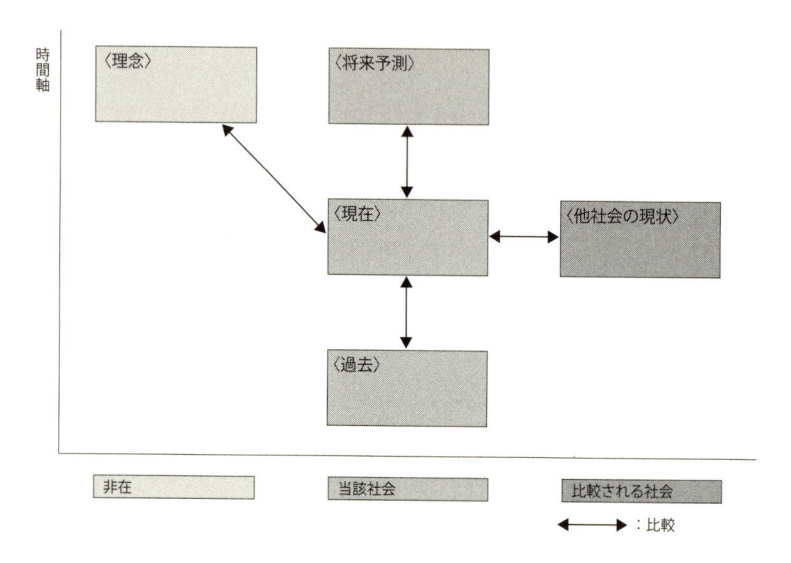

```
時間軸
         〈理念〉              〈将来予測〉

                            〈現在〉           〈他社会の現状〉

                            〈過去〉


         非在          当該社会        比較される社会
                              ←―→ ：比較
```

115年（1864年→1979年）、スウェーデンの85年（1887年→1972年）に比べれば相当な高スピードであり、日本の高齢化問題が騒がれる理由もわかるのだが、上には上があるもので、韓国は18年（2000年→2018年）、シンガポールは16年（2000年→2016年）とさらなるスピードの予測がでている。ちなみに、中国も倍化年数25年（2002年→2027年）と日本と同スピードと予想されているのだが、これには中国の13億人という人口を考慮すると、そのスピードに求められる社会政策的対応が並々ならぬものであることが予想されよう。

　④理想との比較：比較のあり方としては、将来予測とは異なって、規範的にありうる理想状態と比較して現在を評価するということも考え方としてありえよう。社会改革や社会運動の理念にはそのよう

なところがある。19世紀半ばの労働者の生活状態の悲惨さを訴え、それを資本主義の問題として理論的に整理し、社会主義・共産主義思想の流れを作っていたマルクス・エンゲルスの仕事はそのような理想との比較が生み出した革新といえよう。他方、ありえもしない、人間には実現不可能な理想を設定するならば、それとの比較は人間を無益な労苦に駆り立てる無謀な企てということになろう。

これらのように、比較の対象が複数の次元で設定可能であることがわかれば、現状を多次元的に評価したり、自らの議論に積極的に活用していくこともできるだろう（図5-1）。

4）比較対象間の関係——内発的発展と文化伝播

ここまで比較による固定化された文脈の解放、比較から機能への視点の展開、比較対象の多次元的な設定について検討してきた。それらをふまえつつ、ここでは比較をする延長上に比較対象同士の間に、ある関係を想定することで、社会学の命題にどのような視点を付け加えることができるのかという応用問題についてふれてみよう。

そのような大きな問題設定を視野に入れうるのが、社会学研究上の大きな仕事、『プロテスタンティズムの倫理と資本主義の精神』に代表されるウェーバーの経済と宗教の関係に関する諸研究である。ウェーバーには「ただ西洋においてのみ」テーゼと称されるものがある。それは、『宗教社会学論集』の「序言」の冒頭で、「いったい、どのような諸事情の連鎖が存在したために、他ならぬ西洋という地盤において、またそこにおいてのみ、普遍的な意義と妥当性をもつような発展傾向をとる——と少なくともわれわれは考えたい——文化的諸現象が姿を現すことになったのか」と述べられているものである［Weber, 1920 = 1972, 5］。すなわち、普遍的な意義をもつ近代

化、そしてその経済的要素の中核たる資本主義がなぜ他ならぬ西欧においてのみ現れたのかと問われている。

この「ただ西洋においてのみ」テーゼというのは、裏を返せば、なぜアジアでは近代化、資本主義が内発的・自生的に成立しなかったのかということである。ウェーバーは中国とインドの専門的研究を手がけ、日本についても断片的な研究をおこなうなど、20世紀初頭において西洋と東洋という空間比較を試みる社会学的分析に挑戦した稀有な研究者だったといえる［富永, 1998, 19-20］。野口雅弘はウェーバーを「比較の思想家」とよび、その比較の性質を次のようにいう。「複数の概念、類型、あるいは文化をあえて同等の地位に置き入れ、互いにつきあわせることで、相互にリフレクションを誘発せしめるような知の営み」であると［野口, 2011, 4］。比較とは自他を自省的にリフレクティブに見つめなおすことなのである。[4]

ウェーバーのアジア研究を整理した富永健一の紹介によれば、その論点は次のようなものとなる。ウェーバーにとって近代化が達成されているか否かを示す指標は合理化である。彼はアジアの宗教とピューリタニズムを比較し、呪術を払拭している程度、現世の生活に対する倫理的関係を組織的に統一しているかの程度について検討した。その結果、ピューリタニズムは現世内的で禁欲的宗教なのに対し、儒教は現世内的で神秘主義的な宗教であり、仏教は現世逃避的で神秘主義的な宗教となる。そのことは、禁欲という行為が富を生み出すというパラドックスゆえにピューリタニズムが資本主義経済に直結しえたのに対して、儒教の神秘主義には行為に結びついて展開される要素がなく、仏教の僧侶は遁世と瞑想にふけり現世拒否

---

[4] ウェーバーの空間比較と対比すれば、未開社会の専門的研究に従事したデュルケムは時間比較に主眼をおいたというふうに位置づけることもできよう［富永, 1998, 19-20］。

的であるため、共に資本主義にいたる合理化の精神を自らうみだしえないのである［富永, 1998, 68-71］。

　それは、その後、何を意味するか。アジアの近代化は、西洋に学ぶという「西洋化」への圧力なしには不可能であったということになる。中国と日本における「近代」へのきっかけとなったアヘン戦争と明治維新は欧米先進国が中国と日本に開国を要求してきたインパクトによって引き起こされ、その背後には産業革命の成果としての軍事力の背景があった。中国の「洋務運動」、日本の「文明開化」は近代化を内発的に達成しえなかった両国において、近代化が西洋化の移植としておこらざるをえないことを具体的にしめす例である［富永, 1998, 57-58］。

　しかし、日本は早期の近代化に成功し、中国は必ずしもそれに成功しなかった。日本と中国の比較において、ウェーバーは日本が中国と異なって、早い時期に中国タイプの家産制からヨーロッパタイプの封建制に移行でき、その結果、主従の間に解約可能な契約関係を作り出し、西欧的な個人主義の基盤が用意されていたことを指摘する。それゆえに、「日本は資本主義の精神をみずから作り出すことはできなかったとしても、比較的容易に資本主義を外からの完成品として受け取ることができた」と［Weber, 1921 = 2002, 382］。すなわち、資本主義は自らの社会の内部から内発的に展開しないとしても、外部から移転・移植することによって、社会のメカニズムの中に組み込んでいくことができるのである。日本はそれに成功する土壌を用意しつつ、明治維新の時期を迎えたというわけである。

　以上のことから、まず、ウェーバーが西欧にみた資本主義発展の議論は、それが発展しなかった国々と比較することによって理解される「内発的発展」の洗練された形態であり、ある社会において、

そこでの時間軸の経緯にそって人々の行為・生活態度とそれが作り出す社会が変容していったことに着目した議論であるということがわかる。しかし、その変容が内発的になしえない場合であっても、その仕組みや制度が社会間で移転・移植される場合があり、それはこれまでも文化人類学の「文化伝播論」［ペテロ,1984］やコミュニケーション研究の「普及論」［白水,2011］などとして議論されてきた現象ということになる。

ウェーバーが「自」文化の発展に基づく生活態度の作り変えが社会変動において決定的だとみなしたとするならば、伝播主義は「異」文化からの借用に基づく「自」文化の作り替えであったと整理できる。そして、その伝播は空気が移動するようなものではないわけだから、それを摂取し受容していく学習の問題が重要となってくる。伝播は学習の成果であり、社会の学習能力は個人の学習能力の社会的配置と社会的分布によって確定的なものとなってくる。伝播によって文化を積極的に受容していく社会は、経験を通しての学習への柔軟性と感受性を有する社会といえるであろう［厚東,2011,173,179-180］。日本は個人と社会の双方において、近代化を学習することへの準備があったといえよう。

ウェーバーの議論が登場した時から100年が経過し、今や時代は「グローバリゼーション」の時代となっている。西欧やアメリカ、日本が資本主義の主要な牽引車であった時代を経て、今それは新興国、BRICs（ブラジル、ロシア、インド、中国）やVISTA（ベトナム、インドネシア、南アフリカ、トルコ、アルゼンチン）と略称される国々が主役の座に踊り出ようとしている。アジアだけでなく、途上国の多くはウェーバーの指摘する通り、資本主義を内発的に生み出すことはできなかった。しかし、これらの国々はそれを外発的ではあれ

受容することを通じて今まさに飛躍を遂げようとしている。そのことは、逆にいえば、全世界に波及し世界各地の共有財産となりつつあることで、近代化そして資本主義というものがまさしくウェーバーがいう通りに、「普遍的な意義と妥当性をもっ」ていたことを、「少なくともわれわれは考えたい」の「考えたい」を超えて現実となったことを、100年かけて証明することになっているのである。「グローバリゼーションの隆盛を見つつ、ウェーバーの「ただ西欧においてのみ」という言い方は、西欧における近代化の歴史的発生論にくわえて、それが普遍的に世界に拡大普及していくという地理的移動論も現実のものとなり、その双方が揃うことによって命題が完成するのだということに気づくのである [厚東, 2011, 253-255]。厚東は、「グローバリゼーション」を単に世界経済の連動的な変動や情報の流動化の面をとらえるばかりでなく、文化伝播・文化移転を含む問題としてとらえ、ウェーバーの本来の「内発的発展論」と双璧的に対をなす社会学の社会変動概念としての位置づけを与えることが必要だと問題提起をする [厚東, 2011, 9]。[5]

比較を通して各々の社会にどのような要素があるのかを自覚的に確認する、そしてその上で両者にそもそもどのような相互関係がありうるのか、西洋と東洋を比較の俎上にのせようとしたウェーバーの問題提起はグローバリゼーションの時代にいたり、内発的発展と文化伝播を複眼的にとらえる視点として、方法の革新を促すものとなっているのである。

明治期の「開国」は日本における近代化と資本主義の受容にいたる歴史の大きな1コマであったのだが、同時にウェーバーが目指

---

[5] 社会保障制度の国際間の移転を文化伝播・文化移動の問題としてとらえた筆者自身による論考として、「社会保障の国家間関係―準拠国家をめぐる一考察」[藤村, 1999] がある。

した資本主義の内発的発展の比較という主題を超えた、文化伝播という現象を例証する重要な1コマであったとも位置づけられる。丸山眞男の「3つの開国」という時間比較からスタートした「比較」という研究手法の検討は、再び明治期の「開国」というテーマに戻り、それが日本と世界、西洋と東洋の空間比較の問題であると同時に、現代のグローバリゼーションに連なる壮大な社会現象の1コマであったということを私たちに教えてくれるのである。

第6章 冤罪と暗数——分類と過程

1）言葉と関係性

　社会には、言葉によってある現象が浮かびあがってきたり、その性質が変化するということがある。従来、親が子どもを叱正したり、たたくことが「しつけ」と判断されていた状況から、それが「児童虐待」とされる時代へ、相手への恋愛感情の強い思いを伝え、押していく、かつてなら「純愛」と称されたかもしれない行動が、現在は相手の意に沿わない「ストーカー」行為と称される。かつて「成人病」と呼ばれた病気は、現在「生活習慣病」とよばれ、本人の日常の行いに起因する慢性疾患として位置づけられている。

　言葉を用いて、ある事象を名づけることは、そのものごとを生成・再生させる営みであり、さらには新たに創造する営みともなりうるものである。名づけの変更はものごとや事態の変容をもたらすことになるし、名づけることは、その営みによって、不定形であったものを存在させ、私たちの不安感や恐怖心を和らげる効果ももつ［市村，1987］。例えば、現代社会を生きる私たちは、異様・異常に感じられる事象が起こったとき、その事態を引き起こした当事者の理解不能な不可思議な心理や動機を、〈心の闇〉という言葉で呼び、ある種の理解が可能になったかのような気になっていたりすることもある。

　そのような言葉は人間関係のあり方にも影響する。日常の用語の

中においても、そのように言葉によって作り出される関係性というものがある。小説家吉川英治が自ら好み、自著のタイトルともしている言葉に、「我以外、皆我師なり」というものがある［吉川,1997］。私たちは「先生」という地位にある人からは、いろいろ教えられ、学ばなければならないと思って接している。だから、その人のひと言に影響を受けたり、深く吸収できたりする。

　しかし、その人が「先生」であるということはどういうことなのだろうか。もちろん、現代社会において多くの場合、その人は「先生」という職業をしている人だからということにはなるであろう。ところが、道行く人々の中にそのような職業的「先生」をしている人はたくさんいるはずなのに、私たちはその人のことを「先生」とは思わない。それは、その人に「先生」として接していないからということになるであろう。逆にいえば、私たちの目の前にいる「先生」は、私たちが「先生」と思って接しているから「先生」なのである。そうすると、その人から学ぼうとする姿勢が自分の中にあれば、自分以外の全ての人は「先生」なのであり、自分以外の全ての人から学ぶことはさまざまにあるのである。「我以外、皆我師なり」という言葉はそんなことを教えてくれる。

　大学院時代のある先生から、私が他大学の助手になって出身大学を離れるとき、「これからは学生さんが教えてくれるよ」と言葉をかけていただいた。学生が何がわからないと思い、何を悩んでいるのか、それは教員側の働きかけのどこが足りず、どこに工夫をすべきかを考えさせる素材となる。学生は私たち教員から一方的に学ぶ存在なのではなく、私たち教員に材料を提供してくれる「先生」なのでもある［藤村,2001, 213-215］。

　上記のことは、社会学の言葉を使って敷衍すれば、〈本質主義〉

と〈関係主義〉と言い直すことができる。〈本質主義〉とは、その人には「先生」としての能力・知見・経験という〈本質〉があるから「先生」なのだと考えるのに対して、〈関係主義〉とはその人が「先生」なのは「先生」と思って接する人がいるという〈関係〉から「先生」なのだということになる。近年の社会学では、そのような関係主義の視点が強くなっており、ラベリング論や構築主義など社会学の研究視点のいくつかは関係のあり方や認識のあり方が「現実」を作っていくことを教えてくれる。

さて、そのように言葉が用いられることによって、事象の性質が作り出されていくことがある。デュルケムの次の言い方を確認してみよう。「われわれは、それが犯罪だから非難するのではなく、非難するから犯罪なのである」[Durkheim, 1893 = 1971, 82]。犯罪にふさわしい内容があって、その上で非難されるということではなく、非難されるということが先にあって犯罪が作りだされるということになる。イラストライターの南伸坊に興味深い指摘がある。それは、デュルケムの言い方を彷彿とさせるのであるが、非難されたり、はやしたてられる行為が、その対象となっているものの価値をひきさげるのではないかと。「やーい、やーい、ハンサム」「やーい、やーい、お金持ち」とはやしたてられれば、「ハンサム」「お金持ち」というプラス価値に満ちたように思える言葉も低めの印象をともなってくる。ここでいう、「やーい、やーい」というはやしたての部分に、人々が嫌な印象をもつのではないかと彼はいう[南, 1985, 25]。それは、デュルケムにならって考えれば、「マイナスの要素があるからはやされるのではなく、はやされるからマイナスの印象が作り出されるのである」ということになろう。言葉は物事の性質を作り出し、私たちの関係を規定していく。

2) 分類が生み出す認識

　ラベリング論の嚆矢となった著作として、H. ベッカーの『アウトサイダーズ』をあげることができる。そこでは、彼は逸脱について、このように説明する。「社会集団は、これを犯せば逸脱となるような規則をもうけ、それを特定の人びとに適用し、彼らにアウトサイダーのラベルを貼ることによって、逸脱を生み出すのである。この観点からすれば、逸脱とは人間の行為の性質ではなくして、むしろ、他者によってこの規則と制裁とが『違反者』に適用された結果なのである。逸脱者とは首尾よくこのラベルを貼られた人間のことであり、また、逸脱行動とは人びとによってこのラベルを貼られた行動のことである。」[Becker, 1973 = 2011, 8] ベッカーはラベルを貼るという行為が逸脱行動を作り出すと言う。すると、このようにも言うことができる。ラベルを貼られなければ逸脱行動ではないのかと。

　そこにおいて、ベッカーが逸脱行動を分類していく意味が出てくる。彼は逸脱行動を4つの類型に分類した図を提起した。「分類」というこの方法はさまざまな社会現象への応用が可能である。2つに分類する、3つに分類する、4つに分類するなどがあげられよう。それらの各々の分類ごとに個々の性質の違いをきわだたせることで、社会現象を対比的にとらえることができる。この4つに分類した際、それらの特徴の類似性をつかんで、2つの事象に共通すると思われる2軸を立て、2×2の4象限の類型として設定することができる。1・2・3・4と単に4つ並べただけの分類では、5番目・6番目の類型があるのではないかという推測が可能だが、この2軸2象限にすると、水平方向・垂直方向双方に軸をはしらせるため、基本的にはすべての事情を包括的にとらえることを意図した表となる。2

表 6-1 逸脱行動の類型

	逸脱と認定された行動	逸脱と認定されない行動
順応的行動	誤って告発された行動	同調行動
規則違反行動	正真正銘の逸脱	隠れた逸脱

[Becker, 1973 = 2011, 17] 表は一部変更してある

軸4象限の表は「考えるヒント」のひとつのあり方として使ってみるのがよい。4つの現象があれば、その間に2軸を立てて4象限とできないか、もし3つの現象であれば、そこに無理やりにでも2軸を立てて、逆に4つ目の現象を探す契機とすることもできる。

ベッカーが2軸4証言で逸脱行動について考察したのが表6-1である。そこでは、［順応的行動―規則違反行動］と［逸脱と認定された行動―逸脱と認定されない行動］の2軸が設定されている。時間的流れを入れれば、まず規則に順応した行動と規則に違反した行動とがある、それに対して、逸脱かどうかという認定行為がなされる。そのような2つの軸について考えてみれば、世の中には、「規則違反行動があり、それが逸脱行動と認定される」という事象と、「順応的行動なので逸脱と認定されない行動」の2種類しかないのではないかと私たちは一般的に思いがちである。しかし、現実的には他の2象限が存在することがわかる。ひとつは、「順応的行動なのに逸脱と認定された行動」であり、ベッカーは「誤って告発された行動」としているが、法律的に考えれば「冤罪」ということになる。無実の罪として、罪は犯していないのに誤認逮捕されてしまうことになる。もうひとつは、「規則違反行動をしているのに逸脱と認定

されない行動」であり、ベッカーは「隠れた逸脱」としている。いわば取り締まりの網の目をかいくぐっておこなわれている犯罪などが該当する。「この場合、不正行為はなされているが、だれもそれに気づいていないし、規則違反に対する反応行為も起こらない。無実の告発の場合と同様、こうした現象がどれだけ存在するかは、だれも実際上は知らない」[Becker, 1973 = 2011, 18]。そのような誰も実際上知らない「隠れた逸脱」は「暗数（dark figure）」とも呼ばれている。暗数とは暗闇の数字というわけだから、そのような事象が世の中にあるということは論理的には設定できるのだが、一般的にどれくらいあるのか数的に把握できない事象ということになる。[6]

このように2×2の4象限を立てて分類することによって、類似した現象の中に性質の相違を発見し、私たちのイメージになかった事象をうかびあがらせることもできる。

さらには、この類型間に社会の方向性を読み解いていくような例もある。社会学研究上の著名な分類として、R.カイヨワによる「遊び」の分類がある［Caillois, 1967 = 1990］。そこでは古今東西の遊びが次の4つの類型へと分類されている。a. 競争（アゴン）、b. 運（アレア）、c. 模擬（ミミクリ）、d. 眩暈（イリンクス）の4つである。具体的には、a. 競争（アゴン）はスポーツ、チェス、玉突きなど、b. 運（アレア）は富くじ、じゃんけん、ルーレットなど、c. 模擬（ミミクリ）では見世物、演劇、物真似、人形、おもちゃ、空想など、d. 眩暈（イリンクス）は空中サーカス、スキー、登山、メリーゴーランドなどが遊びの例となる。

---

[6] 暗数問題は、逸脱がある行為に対する他者の反応の結果であるというラベリング論の発想を徹底すれば存在しないという考え方もあり、構築主義的な考え方とも接近していく［村上, 1986, 126］。

図6-1 遊びの類型

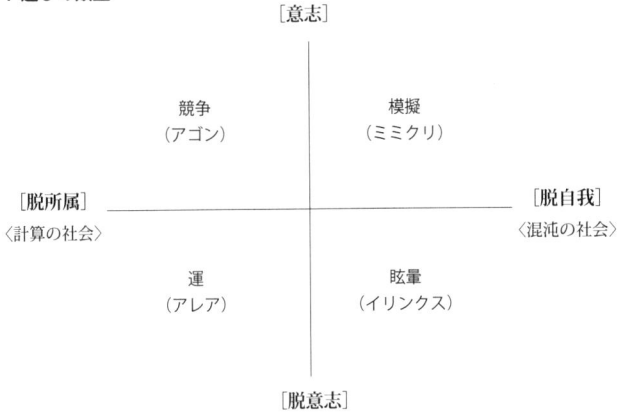

```
                    [意志]
                      │
         競争         │        模擬
        (アゴン)      │      (ミミクリ)
                      │
[脱所属]              │              [脱自我]
〈計算の社会〉─────────┼─────────〈混沌の社会〉
                      │
          運          │         眩暈
        (アレア)      │      (イリンクス)
                      │
                    [脱意志]
```

　これらの4類型について、作田啓一による整理を多田道太郎が紹介するところによると、「意志―脱意志」と「脱所属―脱自我」という軸の設定をおこなうことで、遊びの4類型を2軸4象限へと再整理することができる(図6-1)。競争と運においては脱所属が、模擬と眩暈においては脱自我がその特徴として浮上する。「競争は能力を発揮する条件を平等化し、運は運命に身をまかせる人間の無力さの平等を実現する。模擬は人間を別な人格に化身させ、眩暈は混沌の中に主体を消失させる」[多田, 1990, 360]からである。そして、カイヨワは模擬と眩暈が支配する社会を「混沌の社会」、競争と運が支配する社会を「計算の社会」とよび、前者「混沌の社会」から後者「計算の社会」への社会変動の大きな流れを指摘する。そして、図6-1の左上の「競争」が称揚され、逆に右下の「眩暈」は人々の逃げ道として存在しつつ（アルコール依存やドラッグなど）、社会的な許容度は高くないのが現代社会ともなっているとする。このように、4類型を横並びでおくにとどまらず、2軸4象限に設定

することにより、社会変動の方向性を位置づけ占うという活用も可能となってくる。

3）分類の軸を動かす

このような2軸4象限の表はさまざまな領域に応用可能であり、例えば、生活保護という社会政策に適用してみることもできる。生活保護を考える軸となるのは、その家庭が貧困状態（＝生活保護基準以下）かどうかと、生活保護を受給しているかどうかの2点である。これにより、表6-2aを作ることができる。私たちは一般的に、「生活保護基準以下だから生活保護を受給し」、「生活保護基準以上だから生活保護を受給しない」という2現象しかないように考える。しかし、現実には先のベッカーの指摘のように他の2つの現象が発生している。ひとつは「生活保護基準以下なのに生活保護を受給していない」という状況、もうひとつは「生活保護基準以上なのに生活保護を受給している」という状態である。前者は「漏給」と言われ、後者は「濫給」と言われる。

「漏給」は「漏れる」ということであり、本人が受給できる状態であることを知らずに保護の申請をしないという場合、行政側が生活状態への判断、親族扶養の要請、手続きの不備などの理由をもって保護しないという場合などがあり、本来受給すべきところが漏れているということになる。他方、「濫給」とは川が氾濫するような「やりすぎ」ということであり、生活状態を虚偽的に申告して不正な受給をするような場合もあれば、高齢者の生命にかかわる耐久消費財（例えば、エアコン）の設置を例外的に認めるなど、「見逃し」「見て見ぬふり」的な運用が実際的になされる場合もある。

社会現象をそのように2軸4象限の類型として把握することで、

表 6-2a　生活保護受給の 4 類型

受給有無／生活状態	生活保護受給	生活保護受給していない
生活保護基準以上	①濫給	②〇
生活保護基準以下	③〇	④漏給

先にふれたように、通常理解されるような 2 象限に加えて、他の 2 象限の存在に初めて自覚的に気づくことができる。そして、さらにつけ加えると、その軸を変更可能なものとしてとらえてみると、その軸を動かすことがどのような効果を生むのかを理解することができる。

例えば、行政が政策運用に厳しく取り組むとすればどうなるか（表 6-2b）。生活保護を誤って不適切に受給しているものが多い「濫給」状態であると判断され、「濫給」を減らすために厳しく取り締まるという方針が打ち出される。すると、表 6-2a にある「生活保護受給」と「生活保護受給していない」を判定する軸が、「生活保護受給」を減らすために左側に動くことになる。ここから、それらの図の各類型の面積で考えてもらいたいのだが、軸が左側に動く、すなわち、厳しく取り締まることによって、①「濫給」の面積が減少する形で、保護受給者数は減っていく。それに代わって、軸が左側に動いた分、④「漏給」の面積が増加し、本来ならば受給できるはずなのに、受給できない人たちが増えていくということがわかる。すなわち、「濫給」を減らすために厳しく取り締まると「漏給」が増えてくるのである。また、逆のことが、（表 6-2c）でわかる。すなわち、生活保

表 6-2b　生活保護受給・厳しい運用の場合

	生活保護 受給	生活保護 受給していない
生活保護基準 以上	① 濫給	② ○
生活保護基準 以下	③ ○	④ 漏給

護の運用を緩やかにすると、「生活保護受給」と「生活保護受給していない」を判定する軸が、「生活保護受給」を許容するために右側に動くことになる。軸が右側に動く、すなわち、緩やかな運用に変わっていくことで、④「漏給」の面積が減少する形で、保護受給者数は増えていく。しかし、軸が右側に動いた分、①「濫給」の面積が増加し、本来ならば受給できないはずなのに、受給してしまう人たちが増えていくということがわかる。すなわち、「漏給」を減らすために緩やかに運用すれば「濫給」が増えてくるのである。

社会現象にはそのようなトレード・オフ関係にあるものが多く、「あちら立てればこちら立たず」ということになってくる。そのことは、何らかの基準を動かすことによって社会にインパクトを与えようとするときに、それによって付随する他の影響について充分な目配りが必要となることを私たちに教えてくれる。

4)「過程」と「経路」

ベッカーの『アウトサイダーズ』には、先の4つの類型化と共に、多変量解析に関する興味深い指摘がある。[7]

「社会調査に採用される技術と用具は、方法論にかかわるばかり

表6-2c 生活保護受給・緩やかな運用の場合

	生活保護 受給	生活保護 受給していない
生活保護基準 以上	① 濫給	② 〇
生活保護基準 以下	③ 〇	④ 漏給

でなく、かならず理論とかかわりをもつものである。そして、理論とのかかわりが、ここでは問題なのだ。多変量解析法は、当該現象の発生を決定するすべての要因が同時的に作用するという仮説にもとづいている。」[Becker, 1973 = 2011, 20] ある事象Xを説明するための要因としてA（性別）・B（年齢）・C（居住地）があげられるとき、それらの要因が一気にある程度ずつ作用してXが引き起こされると考える前提が、多変量解析法にはある。ベッカーはこれを「同時的モデル」とする（図6-2a）。

ベッカーは続ける。「しかし、実際問題として、あらゆる原因が同時に作用することはありえない。私たちが必要とするのは、行動様式が順序だって継時的に発達するという事実を考慮に入れたモデルなのである…（中略）…現象の認識のためには個人の行動とパースペクティブにおける諸段階・諸変化の時系列を扱わなければならない。」[Becker, 1973 = 2011, 20] すなわち、ある事象Xが起こるとき、A（親の仕事）・B（教育年数）・C（階層意識）が同時に効果をおよぼすのではなく、A（親の仕事）→B（教育年数）→C（階層意識）

---

7 多変量解析には、ベッカーが指摘された以降、「パス解析」といった分析手法も登場し、同時に要因を一気に計量する重回帰分析を応用しながら、時系列もふまえた分析が可能となっている。

図 6-2a　同時的モデル

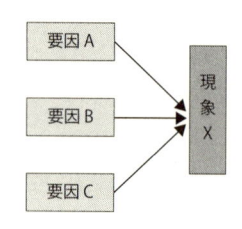

```
要因 A ─┐
要因 B ─→ 現象 X
要因 C ─┘
```

図 6-2b　継時的モデル

```
要因 A → 要因 B → 要因 C → 現象 X
```

→Xのような時系列の順番によって影響がおよぼされていくような例もある。ベッカーはこれを「継時的モデル」とする（図6-2b）。

　例えていえば、「同時的モデル」というのは婚姻の配偶者を選ぶときに、同時に多数の候補が存在するので、誰からでも自由に選べると考えるようなモデルであるのに、実際には、好みの相手には恋人がいたり、また別の好みの相手にはすでに配偶者がいて選べないなど、二股恋愛をかけるのでなければ、1対1の恋愛をひとつずつ順番に時系列の中で判断して決めていくしかないのが「継時的モデル」である。

　そのような2つのモデルを対比することによって、継時的モデルの特徴が浮かびあがり、時間の経過によって、ひとつずつ各段階でラベルが貼られ、逸脱行動をする規則違反者が作り出されていく現象をとらえることができる。E. M. レマートは、最初の逸脱の行為そのものを「第1次逸脱」とし、日常の行動の誤りとして処理されたり、名ばかりの対応をされて行為者に深刻な影響がおよばな

いことが多いが、「第2次逸脱」では、逸脱に対して他者から否定的な社会的反作用が加えられ、逸脱者の役割によって自己の再組織化が促され、その人の生活全体、アイデンティティの再編成までをもたらすものと位置づけ、逸脱化の「過程」の分析の重要性を指摘する［宝月, 1993, 933-934］。

社会事象にとって時間というものが逃れられないものである以上、そこには順番や歴史的一回性という性質が存在し、時間の経過の中で、今は常にそれ以前の状態とは違うものとして存在しつづけなければならないのである。例えば、きょうだいにおいてその行動や性格が似ていることもあれば、違うことも多いが、それは第1子が生まれたときは誰も子どもがいない真っ白な状態であるのに対し、第2子が生まれたときには第1子がいるという条件の違いがすでに存在しているなどと考えていくこともできる。

このように全体を「過程」、プロセスの中での出来事として見ていくとき、社会現象が時間の流れの中にあることがわかる。特定の現象が時間の流れの中に成立し、展開し、やがて衰退していくという一連の経過がある。流行や社会運動の栄枯盛衰などにそれを見ることができよう。

近年は、そのような時間の経過を重視し、ある現象にいたるには、過去のある時点の現象が経路となって、その経路を通ってきたがゆえであり、それらの制度が持続されるには理由がある「経路依存性（path dependency）」という考え方をめぐる議論が活発になってきている［西岡, 2007］［河村, 2012］。経路依存性は、福祉政策などにおいて過去の政策遺産が現在の政策を制約するという歴史制度論の見解であるが、制度の持続性の重視、決定的転機という過去の重視、現存制度の非効率や制度発展の偶然性への着目などを特質としてい

る。経路依存性への着目によって解き明かされる側面もあるのだが、やや決定論的な要素が強く、制度変化が軽視される向きがある。すると、福祉政策のさまざまな改革がなされるなどの局面では、経路依存性の視角がかかえる課題を超えるべく、「経路形成（path-shaping）」という視点が提起され、社会的諸勢力が現状に介入して新しい経路を構築できるということが示唆されてきている。

しかし、「経路依存」も「経路形成」もむしろ両極のいずれかというより、両者の相互関係の中で起こっていることが現実であり、それをふまえるならば、「経路変化（path-changing）」という新たな視点を設定する必要性が提起されている［西岡, 2007, 231-234］。そこでは、「経路変化」がさらに細分化され、「経路調整」「経路転換」「経路離脱」といった下位概念が提案されている。「経路調整（path-adjustment）」は政策刷新・制度調整を通じて環境変化に適応しようとして、制度は持続しているが変化それ自体は生じているというとらえ方である。また、「経路転換（path-shifting）」はある既存の政策体系から別の政策体系への変化をしめす、経路調整よりは大きな変化であり、いわば車線は変更されているが、同じ道路上を走っているようなものとなる。それらに対して、さらにラディカルな変化が「経路離脱（path-departure）」であり、政策体系の思想そのものが変わっていく変動であり、既存の経路が定着している状況下にあって、そこから離脱して新たな経路が生み出されている状況をしめす概念である（図6-3）。

例えば、福祉政策の体系性を示す「福祉レジームⅠ」が政策刷新などの「経路調整」を経て、AからA'に変わることもあれば、同じ「福祉レジームⅠ」が政策体系の変化たる「経路転換」を経て、AからBに変わることがある。そして、そもそもの政策思想が抜本

図6-3 経路変化の三形態

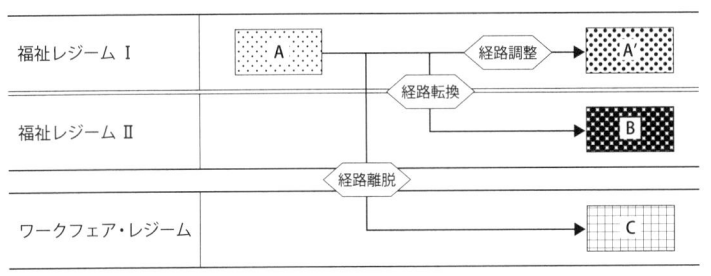

```
福祉レジームⅠ      A ────────→ 経路調整 → A'
                       │
                    経路転換
                       │
福祉レジームⅡ           └──────────→ B

                 経路離脱
                       │
ワークフェア・レジーム    └──────────────→ C
```

出典：[西岡, 2007, 232]

的に改革されることにより、「福祉レジームⅠ」が「ワークフェア・レジーム」に変わる「経路離脱」となって、AがCに変わることがある。

　本章の最初にふれたように、「類型」を設定することは同一の時間や空間での社会事象の比較をすることになるが、それらの類型間での移動や変化に着目すれば、それらの事象の変化の方向性を占うことにもつながる。そして、事象の変化に着目する、言わば「過程」や時間に着目することは順番や歴史的一回性、さらには「経路」といったものの重要性を私たちに気づかせてくれる。他方、「経路」研究をめぐる新たな展開は、さまざまな拘束の下にありつつ、私たちの行き先は経験に開かれていることも示唆しているのである。

第7章 「羅生門」の多元的現実
——世界の複数性と距離への習熟

1）藪の中

　社会学のツールとして、第5章で「比較」、第6章で「分類」に着目して検討してきた。それらは社会学や社会科学の重要な方法のいくつかであるのだが、同時に、比較や分類をする私たちはどこに立って、それらを見ようとしているのかという問いが可能である。その立つところによって、ものの見え方が変わってくることはないのか。第7章ではそのような問題を考えてみることにしたい。その考察を進めるにあたって、その素材として取り上げられることの多い、適切な映画作品がある。日本の映画界で巨匠と評される黒澤明監督の「羅生門」である。原作は芥川龍之介の短編小説「藪の中」であり、1951年のベネチア映画祭でグランプリを獲得した作品である。

　作品の内容はこうである。平安時代、荒れた都の羅生門の下で旅法師と杣売り（そまうり＝木こり）が雨宿りをしていた。そこに同じく雨宿りで飛び込んできた下人に、2人がひとりの武士の死をめぐって経験した不思議な出来事を話していくというものである。旅法師は事件の直前に武士の夫妻を目撃しており、杣売りは武士の死体の第一発見者であった。

　山道を馬で行く金沢武弘と真砂の夫婦を見た盗賊の多襄丸が、その女を奪おうとしたことから話は始まる。多襄丸は夫婦を騙して藪

の中に連れ込み、男を縄で縛りあげ、男の目の前で女を手込めにした。しかし、事件の当事者3人が三様に、平安時代の裁判の場である検非違使庁で食い違う証言をするのである。そのうち、ひとりは死者として。

　まず、検非違使庁の庭で多襄丸はこのようにいう。女を手込めにしたあと、彼が立ち去ろうとすると、女は2人の男に恥を晒したので、戦って勝ったほうについていくと言う。そこで、多襄丸は男の縄を解き、堂々と戦って、激戦の末、男を殺す。しかし、その間に真砂は逃げてしまっていた。

　次に、発見された真砂が検非違使庁で語る。多襄丸は自分を手込めにすると、男の太刀を盗んでその場を去った。真砂が夫のもとにかけよると、夫はさげすむ目で妻を見つめた。それに耐えられず、短刀で私を殺してくれと真砂は夫に頼むものの、ショックで気を失ってしまう。再び気がついてみると、夫は死んでいたという。

　夫・武弘はすでに死んでいる。しかし、検非違使は巫女を連れてきて、武弘の霊を降臨させる。武弘の霊は言う。多襄丸は真砂に自分の妻になれと口説いたという。そして、真砂はそれを承諾したばかりか、さらに夫を殺せとまで言う。あきれた多襄丸は武弘に真砂を殺すか助けてやるか問う。しかし、真砂がすきをみて逃げたので、多襄丸も武弘の縄を解き、その場を去ってしまう。ひとりになった武弘は自ら自害したという。

　武弘の死が三者三様に語られる。異なる事実が語られ、それらは矛盾して相並んでおり、両立不可能である。まさに真相は藪の中である。下人がいう。「それはお前さんの勝手だが…一体正しい人間なんかいるのかね…みんな自分でそう思ってるだけじゃねえのか…」［黒澤, 1988, 62］。

この事象を考えるために、現象学的社会学のシュッツの考えによってみよう。彼は現実はひとつではないということを述べている。私たちが日常生活を営むなかで経験している「現実」以外にも、空想の世界・夢の世界・宗教の世界・狂気の世界・科学的思考の世界などで経験する「現実」がある。そのように多様に存在しうる現実をシュッツは「多元的現実（multiple realities）」と名づけた。私たちが悪夢にうなされたり、映画や小説に没入して瞬間我を忘れるのは、それを「現実」として経験しているから、うなされ、我を忘れるのである。他方、私たちが一般に「現実」とよんでいる日常生活は、労働が中心であり、身体行為による実践性と他者もそれを経験しコミュニケーションすることによって、そのリアルさが確証されている。それは、他の現実を凌駕する独特の性質をもっていることから、「至高の現実（paramount realities）」と言われる。私たちは、それら複数の多元的現実の中を、ある種の判断停止（エポケー）をおこなうことで相互に矛盾させずに、日々行き来しながら生きているのである。私たちにとって、どの現実も現実なのである。

　映画「羅生門」もそのような多元的現実のあり方のひとつといってよいであろう。正確にいえば、シュッツの多元的現実は同一人の中で多様に経験しうる現実であり、羅生門の三者三様は異なる人びとの間での現実把握の異なりである。対象は各自が知覚・認知し構成した所産であり、対象が本当に何であるのかということは誰にもわからない。そのような認識に立てば、科学的な世界も他の知覚とならぶ1個の知覚でしかないことになる。世界は複数性として成立している［浜, 2006, 276］。

　実は、映画「羅生門」は原作「藪の中」とは異なる展開となっている。「藪の中」では三者三様の現実の並立で終わるのだが、映画「羅

生門」では、杣売りが現場にいて一部始終を見ていたことになっている。そこで語られる話は、3人の話のどれとも異なる意外なものであった。杣売りの話によって、三者三様の中に各々にとって好ましい語りが語られていたにすぎないことがしめされる。下人は言う。「本当のことが言えねえのが人間さ…人間って奴ア、自分自身にさえ白状しねえ事が沢山あらア」［黒澤, 1988, 69］。人間は他人を騙すばかりでなく、自分自身さえ気づかず自らを欺く語りをしてしまうこともある。自己欺瞞ということになる。

映画では、杣売りが「真実」を語った形で終幕に向かう。しかし、それも本当であろうか。杣売りの語りも実は第4の解釈にすぎないと言えるのかもしれない。杣売りはこっそり女の短刀を手に入れ隠していたのである。利害関係の中で異なる物語り。旅法師は次のように言う。「恐ろしい話だ…人という人が信じられなくなったら、この世は地獄だ」［黒澤, 1988, 69］。映画「羅生門」は私たちに多元的現実の存在と、真実を確定することの根拠の不確かさを教えてくれる。

2) シーソー・バランスの下の秩序

映画「羅生門」の最後に下人はこのようなことを言っている。「どうもこうもねえ…人間のすることなんざ全く訳がわからねえって話しさ」［黒澤, 1988, 69］。人間のすることは、その理由を考えると訳がわからなくなる。しかし、私たちは訳がわからないなりに、それを理解しようとする。いや、理解可能なある秩序の下におきなおそうとするといったほうがよいかもしれない。すなわち、行為の動機を探ろうとしたとき、私たちは社会のひとつのトリックの中で生きているようなものとなる。それを指摘したのが、C. W. ミルズで

あり、「動機の語彙」という概念によって、それは問題提起された［Mills, 1963 = 1973］。

　ミルズは、行為の動機をその行為者の内部にある状態ととらえる見方に対して、むしろ、動機は行為者の外側に類型的な語彙として存在していると考えた。私たちは、そのような語彙に基づいて、他者や自分の行為の動機を解釈し説明しようとする。現代日本において、愛ゆえにあるいはお金目当てに人を殺したりすることはありえると考えられるのに対して、例えば宗教的動機で人を殺すなどということは、多くの人にとって考えにくいものとなっている。時代や社会によって主要な動機は類型化されており、そこに類型化されて存在する語彙の中から状況に対して適切なものが選ばれ、さまざまな行為に動機が外側から付与されるようにとらえられる。

　もし他者の行為の動機がうまく説明できない、すなわち、うまく語彙をあてはめることができないとき、その行為や両者の関係は不安定なものとなり、それへの適切な対応をとることができないこともでてくる。しかし、そのようなときも、私たちはさまざまな言葉を用意して、その状況が不安定で不気味な状況になることを避けようとする。そのような言葉として、「魔がさした」「狂気」「心の闇」などの言葉が浮かぼう。第6章でふれたように、そこには、何も説明していないにもかかわらず、「そうか、"心の闇"かあ」と聞いて納得する、あるいは納得した気分になる私たちがいる。

　さらには、動機の語彙は自分が自らの行為を他者に説明するときにも意識される。「こう言えば、納得してもらいやすいだろう」と考えて、発話がなされる。人を殺したとき、「つい、カッとなって」という動機は許容されるが、「人を殺す経験をしてみたかった」という動機は許容されない。一般に、許容されにくいと判断される動

機は語られない。

　現実が多元的でありながら、私たちはその多元性を縮減するように、動機に類型的な語彙をあてはめることによって、現象を整合的に理解し、認知的に不協和にならないようにしている。そこには、意味の整合性を求めるある種の秩序形成が働いているのだが、今度は逆に、その秩序がきわめてあやういシーソーのバランスの下にあることを明らかにする研究がある。そのような秩序をかく乱する試みをエスノメソドロジー研究のガーフィンケルは「違背実験」としておこなった。エスノメソドロジーとは「人々の方法」とも訳すべき研究であり、人々の日常の営みのなかで、相互行為がその都度その都度維持されながら、気づかれないまま行われている行為に着目し解析していく研究である。

　その違背実験のひとつとして、「下宿人実験」というものがある[Garfinkel, 1967 = 1989, 48-51]。それは、家族のなかで、あたかも自分が下宿人であるかのようにていねいにふるまうことで、他の家族員がどのような反応をしてくるかをみてみるというものである。家族に対して、親密でなれなれしい行動を取らず、堅苦しい口調で受け答えをする。すると、家族は驚きや困惑をしめし、不安になったり、いらだったりする。冷蔵庫のお菓子を取り出すとき、食べてもかまわないですかと尋ねれば、家族は怪訝に思う。母親が話しかけたときだけ応答する娘に、母親は憤慨する。なぜなら、親密であるべき家族の中で、下宿人のような態度をとることは、よそよそしく、みずくさい行為となってくるからである。私たちはある関係性にふさわしい相互行為を求められる秩序の中に生きているということである。彼らは他者の怒りに対して自分も怒り出すなど、実験が終わったときにも中途半端な安堵しかなかったという。秩序の修復

は簡単なことではない。

　現実が多元的であるなかにおいて、そこでの秩序を維持するために、言語行為として、類型的な動機の語彙が使われ、他方で、私たちがはりめぐらしている相互行為の網の目を一瞬で崩すような行為として違背実験がある。ともに、私たちが生きているひとつの現実が、ひとつしかないもののひとつなのではなく、実は多様にありうるもののひとつとして、微妙なシーソー・バランスの下に成立していることを気づかせてくれる。

3）主観的意味連関と客観的事実連関

　私たちは多元的現実の下にあり、その中である世界を生き、そこでの相互行為によって意味秩序を作りだしている。それはまるで主観的なもののように思える。しかし、主観の問題も一筋縄ではいかない。

　科学的に考えようとすると、主観的なのはいけないことで、客観的なのはよいこととされる（と一般に考えられている）。例えば、私たちが子ども時代のいつかから、地動説が正しく、天動説が間違いであるという考え方を教えられてきた。私たちは地動説が科学的には正しいと頭ではわかっているわけだが、一方、私たちの身体はあくまで天動説にしたがって1日の太陽の動きを感じている。朝には太陽が東からあがり、太陽が西に沈んで夜になる。もし、私たちの中で地動説を身体感覚として感じられる人がいるとすれば、それはそれで、その人の身体感覚について一考せざるをえなくなる。私たちの主観的な意味連関はあくまで太陽が地球の周囲を回っているのであり、私たちは天動説の世界を生きているのである。地球と太陽の動的関係をめぐって私たちの主観と客観の交錯する世界でおこ

っていることは、天動性感覚のなかでの地動的事実である。

　同じように、社会学における階層帰属意識の研究というものがある。そこでは、客観的な所得・財産・学歴・職業の状態などですべて説明されるわけではない形で、主観的な階層帰属意識が存在し、それゆえに中流階層論というものがありえたことになる。所得や財産にはそれなりの差があったであろうが、人々が同じものを買え、社会が成長のムードにあるとき、多くの人々は自らを「中流」と感じていた。社会学にとって誰かの主観的考えが誤りだということはない。その人が考えている限り、それはひとつの事実であり、むしろ、なぜそのような異なる考え方が発生するのかを考えていくところに社会学の特徴があるのである。

　社会学は、そのような主観性と客観性の単なる連関にとどまらず、主観的意味連関に基づく行為の連鎖が客観的な状況を作り出してしまうメカニズムにも着目する。ある予言がなされ、人々がその予言に応じた行為変更をおこなうことによって、結果的に予言が実現してしまうことを、社会学では「予言の自己成就」とよぶ。ある銀行が倒産しそうだという本来はデマの情報が出回り、損をしないように多くの人々がその銀行から貯金をおろす行動に出る。一般に取り付け騒ぎと言われる現象である。取り付け騒ぎが発生し、その銀行の払い戻し準備金が底をついたとき、銀行は本当に倒産してしまう。同じように、受験勉強をしている時、目標の大学への合格可能性が低く判定されて、「もうだめだ」と悩んで、勉強が手につかなくなるならば、実際にも不合格になってしまう。当初の時点では思い込みや曲解であったものが、それによって行動が変えられ、その結果、思い込みや曲解が実現してしまう。主観的意味連関として目的と手段であったものが、客観的事実連関としては結果と原因であったと

図7-1 主観的意味連関と客観的因果連関の関係

```
主観的意味連関：目的（損失を減らす）  ⟶   手段（預金引出し）
                                            ‖
客観的因果連関：結果（銀行倒産）      ⟵   原因（預金の減少）
```

いうことになる。銀行の取り付け騒ぎを例とすれば、損失を減らすという目的のために預金を引き出すという手段が主観的意味連関としてあるのだが、実は預金を引き出すという行為が今度は原因となって銀行が倒産寸前になるという結果が客観的機能連関としてもたらされるということになる（図7-1）。

主観的意味付与は原理的には多様でありえ、同じ状況が人によって多様であるにもかかわらず、状況が同じものとして理解されることが多い。それは、その状況が客観的実在としてひとつであるということによってではなく、客観的実在であるかのように位置づける意味付与のあり方が社会的に共有化・共通化されているからと考えられるのである［作田・井上, 1986］。人間が意味の世界を構築し、それに反応しながら生きているという視点をもつことが、社会学的に推論する重要な方法・ツールのひとつとなる［川崎・藤村, 1992］。

4）現実をあるがままに

社会学においては、現実に対する多様な態度や価値観の併存に気づくだけではなく、なぜそのような多様性が存在しうるのかというメカニズムに気持ちを向けていくことがひとつの方法的態度となってくる。他者の世界の論理において物事を理解していこうとするためには、社会学を学ぶ者は自分自身の世界の論理を徹底して抑制し

ていく必要がある。

電車での席の譲り合いを例に考えてみよう。席を譲らないものが増えてきたのは道徳規範が弱くなってきたからだと結論づけられ、道徳強化が叫ばれたりする。その考え方にも一理あるのだが、社会学には別の視点もある［藤村, 2009］。

そのひとつは、実は席を譲ることは都会のルールに違反するからという考え方である。都会には多様な出自や経歴をもった多くの人が住み、日常生活を送っている。私たちはその一人ひとりに細かく気を配ることはなく、生きている。逆に、都市に生きる人たちのことを個別に細かく知ろうと思ったら、即座に私たちの頭は情報過剰になってしまう。したがって、都市に生きる人々は、お互いにストレンジャーとしてふるまい、深く関与せず、必要最小限以外は見て見ぬふりの無関心を装わなければならないのである。都市を生きる人間は、他者に不必要に視線を向けて、深い関心を払ってはいけないのである。ましてや、声をかけるなどは論外である。電車の中でもルールは同様である。

電車で席を譲るという行為は、見知らぬ他者の中から特定の人に視線を向け、関心を払い、「身体の不自由な人」という定義を下し、「どうぞ」と声をかけて席を譲るという行為である。実はそれら一連の行為は、都市を生きるインフォーマルなルールに大きく違反していることになる。その証拠に、席を譲った多くの人はよいことをしたはずなのに、席を譲ったらどこかに移動して、譲られた当人の前から離れていく。なぜなら、席を譲り合うという行為は、都市において親しい関係者の内部でだけ許容されることであり、そこにとどまっていれば、席を譲る─譲られるという行為がつくり出してしまった親しい関係にふさわしい会話が要求されるからである。

もちろん、席を譲ることはあり、その際は躊躇なくさっと譲ってしまえばいい。むしろ、その躊躇は道徳心のなさと簡単に結論づけられることではなく、都市生活のルール違反へのとまどいという要素を含むものとして理解されなければならない。道徳というルールへの違反なのではなく、都市を生きるルールを守ろうとするから、席を譲れないのである。

　席の譲り合いの例は当事者の世界から見ようとすることで、見え方が異なることをしめしている。道徳心の欠如を嘆くことをやめ、他者の世界の論理にしたがってみる。社会学はそのように起こっている事象を異なる機能を達成するものとして読み解き、新たな他者理解を可能にしていく。

　そのような他者理解は、「相手の身になって」と言い換えることも可能だが、相手の身になることは決して相手に都合のよいことばかりではない。相手のなかにある虚偽や計算、あるいは当人さえ気づいていない自己欺瞞、相手の意図に反してひきおこされる悪い結果、あるがままに現象を見ようとする社会学の姿勢は、場合によっては、相手の身になることで相手の都合の悪いところをあばいてしまう「たちの悪い」学問でもある。

　ウェーバーは、判断に必要な知識を得るためには、「精神を集中して冷静さを失わず、現実をあるがままに受けとめる能力、つまり事物と人間に対して距離を置いて見ること」が必要であり、それを「距離への習熟」とよんだ［Weber, 1919 = 1980, 78, 79］。社会学的知識を得る目的のひとつは、自分の価値観をわきにおく自分離れと社会の一般的期待や道徳を前提としない規範離れによって、この「距離への習熟」能力を獲得することであると考えられる。

　整理しよう。映画『羅生門』は私たちに多元的現実の存在を教え

てくれた。そして、その中で、ひとつの現実がある意味世界として成立しているとき、それは人びとの日常の何気ない営みによって、あるシーソー・バランスの下にきわどく秩序が成立しているものなのである。人々がその意味世界において主観的意味連関として状況を認知しつつ、具体的世界を身体と行動を通じて生きている私たちは客観的事実連関の結果にも取り巻かれている。そのような中、人々がどのように各自なりに整合性のある論理を有する意味世界において生きているのか、その論理が自らの論理と異なるものであったとしても、社会学はそれへの適切な距離をとって、それを理解していかなければならない。社会学はそのような自分離れ・規範離れという距離を、物事や現象に対して取りうる成熟した知恵としてあるべきものであろう。もちろん、社会学が自らを万能の知恵として特権視することはできないし、ありえもしない。再び、「羅生門」の下人が言った言葉を思い出しておく必要がある。「一体正しい人間なんかいるのかね…みんな自分でそう思ってるだけじゃねえのか…」［黒澤, 1988, 62］。

Ⅲ. 社会学のポジショニング

第8章 1番バッターとしての社会学
──諸科学の中の社会学の位置と立場

1）学問間の分業と連携

　学問の性格を知る時に他の学問と比較をしてみるという方法がある。時代を象徴するような新たな社会的現実が起こったとき、社会学はとりあえずそれに素手でも立ち向かっていこうとする。現在であれば、環境問題しかり、エスニシティ問題しかり、メディア情報の問題しかりである。その様子は、野球の打順で考えれば1番バッターと評するのがふさわしい。他の学問がしり込みしそうな「現代」の解明に取り組む社会学の姿勢は、1番バッターの役割そのものである。

　プレイ・ボールとともに、相手投手の球筋を見極め、ヒットでも四球でもエラーでも出塁する。盗塁をねらうなど相手守備陣をかきまわし、クリーンナップたる3番・4番・5番にチャンスを回し、ホームに生還して得点を得る。クリーンナップが自らの得意のフォームを固め、長打をねらうバッティングをすることが多いのに対し、1番バッターは相手の投球や守備陣形に合わせて打法も修正し、出塁という結果そのものを求めていく。社会学は新しい現実への対応や理解の革新が求められるとき、その実態を素朴に把握し、その把握の蓄積の中から問題を考察していこうとする。それは社会学に公理や公式が存在するわけでもなく、概念や命題の抽象化が必ずしも進んでいないことの反映というふうに考えることもできる。しかし、

現実が学問の理論を証明するために存在しているのではない以上、学問の理論や方法、体系にこだわるより、現実の多様なリアリティにあわせて打法を工夫していくような学問があってもよいだろう。学問間の分業ということを考えてよい。

　研究作法の厳しい学問に比較すると、社会学の研究方法はむしろゆるやかで多様であり、その分、現実によりそったリアルさを有していることが重要な要素となってくる。そのような学問の異端児ともいうべき社会学は現代的センスが問われ、方法の自由さが許容される分、研究結果としてのおもしろさ・意外性などが求められるという逆の難しさがある。

　学問間の分業という考え方を採用すれば、社会学が1番バッターとして「現代」という時代を解き明かす仕事を未来に残し、それが蓄積され、時間が経過していけば、やがて将来の歴史学者たちが「歴史」として扱う史資料を残しているのだというふうに理解することもできる。そのことは、「歴史」とは歴史の教科書に載っている過ぎ去った過去のことだとしても、私たちは将来歴史の教科書に載るであろう現実を今、日々生きていることをしめしている。その意味では、私たちは日々「歴史」の中を生き、私たちが今まさにする行動が「歴史」を作っているのである。

　歴史学はその史資料の吟味という方法の厳密さ、多様な内容の長年にわたる豊富な蓄積という観点から考えて、文科系の学問の大御所的ひな型のひとつであり、打順でいう3番・4番のクリーンナップといってよいだろう。しかし、時代と様々な研究が進展する中、素人目にすぎないのではあるが、歴史学も他の学問との分業が求められる、ある難しい立ち位置にあるのではないだろうかと推測される。

　それは、歴史学であれば史資料の確定が重要な意味をもつので、

私が学生だった1970年代後半でも、戦前までが歴史学の研究対象であるとされることがあった。現代史というのはそこまでであると。ひとつの判断であろう。しかし、それから30〜40年が経過した2010年代にいたっている現在、その時間の経過に呼応して、戦前まででなく、例えば高度成長期の終了ぐらいまで射程を伸ばして歴史学の対象とするという判断がありえよう。

　時間が経過することによって、特定の事象と現代への影響との距離が開いていき、事象の評価や判断が正確になり、その作業の困難さが薄らいでいくと考えることができるからである。しかし、その際も、戦後から1970年代の低成長期突入までにかけて、文書資料に限らず、映像資料や音声資料、社会学・人類学・民俗学などが残した研究、統計資料、聞き書きなどが残ってきていることを考慮すれば、歴史学者の従来の文書史資料を中心とした方法論だけでは、その期間の多様な分析の可能性や必要性をすくいきれなくなってきているということも想定できる。そうなると、例えば戦後から70年代までは、歴史学者が現代史として、社会学者が歴史社会学として、相乗りをしつつ相互に得意な方法論で分業的に取り組むなどの必要があるかもしれない。[8] 社会学が1番バッター、歴史学が3番・4番バッターだったとしても、1つの試合、1つの時代内での分業だけでなく、時代を超えての連携の試みが工夫される必要があろう。

　ここまで社会学を学問の1番バッターに見立てた考察を試みてきたが、逆に社会学を9番バッターに例えようとする比喩もある。その異質性・異端性を自ら充分に理解し、他の学問が扱わない部分

---

[8] 筆者も執筆に参加した、1980年代までの日本を描く『シリーズ戦後日本社会の歴史』（全4巻）（岩波書店）の中で、巻によって社会学者がライターとして多く登用されていることが、そのような事情の一端をしめしていよう。

に取り組む残余科学的な位置づけで、社会学の影響を謙虚に少なめに見積もろうという提案である。私もそのような見立ても可能であると考え、例えば、山のはずれでひっそりと生活をおくる仙人が10年か20年に1度村におりてきて村の将来にかかわる大事なことを言って去っていくというように、社会学の役割を社会の全体的な方向を巨視的にとらえ転機において発言するととらえることもできよう。同時に、現在の実際の野球においては、指名打者制をとるプロ野球のパシフィック・リーグなどを例に、9番バッターは従来の打力の弱い残りの選手という扱いではなく、細かいプレイのできる玄人好みの選手がおかれ、打順の切れ方によっては第2の1番バッター的役割の担い手として、9番・1番・2番の打順で連携してチャンスを二重に広げるような役割を担っている例も多い。

打順に比喩を取ることで、社会学がもつ現代へ最初にアタックする性格、結果が求められるものの方法が自由であること、そして、学問間の分業と連携の可能性と必要性などについて私たちは気づくことができる。

2）経済学との対比

打順の比喩をとればそのように1番バッターに位置づけられる社会学だが、その学問上の観点の違いを特に比較すべき相手をあげるとすれば2つある。ひとつが経済学であり、もうひとつが心理学である。この両者と比較をすることで、社会学の学問的性格が明瞭に浮かびあがってくる。それは「社会学とは何か」という問いに対して、社会学の性質を深く掘り下げていって明らかにしようとする「本質論的理解」と異なり、他の学問との相対比較の中で社会学の性質を浮き彫りにしようとする「関係論的理解」の試みでもある。

社会学はまず社会科学に属する学問分野であるが、同様に社会科学の仲間を構成するのが法学・政治学・経済学といえる。このうち、法学は法律を準拠点に言説的な諸判断と解釈の妥当性を考察する規範性の強い学問であるから、社会的現実のほうに重きをおき、その特性を実証的に検討しようとする他の学問とは一線を画している。また、政治学はギリシア・ローマ以来の長年の歴史をもつ、政治制度・政府行動から市民の政治行動までを含む学問であるものの、社会制度や社会的行為など社会学の諸観点を政治領域に適用し、権力・支配という観点から考察するものととらえることもでき、政治学と社会学は類似する側面を有している。すると、社会科学の領域において、学問的ディシプリンとして対比すべきものを有し、各々の分析観点に違いがあるものとしては、経済学と社会学を比較の俎上にのせることが妥当ということになる。

　それでは、経済学は社会学と比較してどのような特徴があるのか。まず、その特徴は、「ホモ・エコノミクス」といわれる経済学が描く人間像にあると言える。ホモ・エコノミクスとは、自己の経済的利益を最大化することを目的に利己的に行動する人間のことをさし、A. スミス以来、古典派および新古典派経済学において共通に仮定されてきた人間像である。それは、近代資本主義社会の市場の論理に基づく経済活動をモデルとして、その活動を担う個々人の行動パターンを、実現可能な選択対象から経済合理的に最も利益順位の高いものを選択するものとして理念型的に描いたものである。

　経済学が合理的人間像を描こうとするなら、社会学が描く人間像は、人間の行動や意識の中に目的合理的でない部分、非合理的な性質を有している部分がないのかと問いかける。人間の行動に微細に目を向けてみれば、人はお金で動くが、お金だけで動かないことも

あり、感情で動くことも多い。家族や人間関係にかかわって愛や憎しみで動くこともある。さらには、宗教の信仰により、神の教えにしたがった行動をとり、それが騒乱や戦禍にいたる場合もあれば、日常生活ではしがらみやつきあいでしぶしぶ行動したりすることもある。むしろ、経済合理的にわりきって行動した場合、われわれはかなりの程度の人間関係をぎくしゃくさせ、時に失うであろう。総じて人間の行動には非合理性がともなうことが多い。

例えば、現在子どもを育て、大学教育までを終了させるのに、全て私立学校に通わせると1人当たり2500万円程度のお金がかかると算出されている。もし、経済合理性から子どもを産まないという判断をするならば、その2500万円を生活の支え、住宅や旅行の資金、老後費用の充実などに使えるであろう。しかし、私たちは夫婦の愛情のしるし、子どものいる家庭のなごやかさ、そして、結婚したから何となくという世代順送りへの期待などの理由で、子どもを作り、育てていく。もし世の中全体が経済合理的に動くならば、子どもが生まれない社会となっていくこともありうるであろう（収入や住宅事情、結婚の難しさなどから、少子化社会として事実そうなりつつあるのだが）。

M.ウェーバーには、次のような言い方がある。「一つの観点からみて『合理的』であることがらが他の観点からみれば『非合理的』であることも可能なのである」[Weber, 1920 = 1972, 22]。経済学的に考えるならば非合理的な行動に社会学は焦点をあて、それらの要素の中にある異なる観点の合理性に目を向けていく。それは、当事者が有する価値や価値観にとって妥当性を有する行為であったり、個々の世界観と整合した行為であったりするから、それらを価値に対して合理的に行動することとして、価値合理的行為としてとらえ

られる。人間は目的合理的に行動することもあれば、価値合理的に行動することもある。主に、前者を経済学がとらえ、後者を社会学がとらえると考えられる。M. ウェーバーが社会的行為を4類型（目的合理的行為・価値合理的行為・感情的行為・伝統的行為）に整理したのは周知のところであるが、それらのうちの2つの行為類型が経済学と社会学の主要な人間像に該当するものとして理解することができる［Weber, 1922 = 1972, 39］。

「ホモ・エコノミクス」に対応するように、社会学においても、ひとつの人間像として、R. ダーレンドルフによる「ホモ・ソシオロジクス」の提起がある。これは社会学の重要概念である役割に焦点をあて、個々人が役割の担い手でありつつ、個人から独立し、その束が組織構造となっているものとして役割をとらえ、役割の個人と社会を媒介する機能に着目していく。ホモ・ソシオロジクスは、そのような役割の担い手として役割形成に関与しつつ、役割期待にふりまわされたり、受け流したり、アイデンティティを守るため役割距離を取っていく、役割をめぐるいわば悲喜こもごもの人間像として描かれている。ダーレンドルフがその主張に自由をおくことは、縦横にはりめぐらされた役割の網の目から抜け出るものへの期待からであろうか。

社会学との対比において論じてきたが、経済学内部においても、そのような経済合理的に行動する人間像だけでは説明できないとして、ひとりの合理的行動が複雑に組み合わされて非合理的な結果を招く「合成の誤謬」への認識もあり、A. センが指摘するように合理的人間像を「合理的な愚か者」として批判的にとらえる見方もある［Sen, 1982 = 1989］。[9]

同様に経済学自身の中にもディシプリンとしての改革の芽は宿っ

てきており、「行動経済学」という領域が革新の動きを果たそうとしている。それは、経済現象や経済問題の背後にある人間の行動を、人間の特性や心理面から解き明かそうとする経済学であるといえる。人間は合理的に行動するという前提をおかずに、人はなぜ不合理な行動をするのかを、認知的節約・本能的行動・不確実性・理性の限界などから考察し、不合理行動それ自体を利用して、従来の手法では解決できなかった問題の解決の糸口を探ろうとするものである［川西, 2010］。

　行動経済学では、かなり社会学に近い形で、経済行動に限らない人間の行動を分析対象にしようとしており、その分析の一端には経済学が固有に進めてきた論理構成に基づく分析がなされており、社会学では充分とは言い切れなかった論理的分析をしめしている。社会学が非合理的とすませてきた現象の中に相当の論理性を見抜いていくことで、行動経済学が社会学と類似しつつ、異なる進展をする存在となっていく可能性もあるであろう。

3）心理学との対比

　社会学の学問的ディシプリンを相対化して対比的にとらえるべき相手のもうひとつは心理学である。心理学は、教育学・社会福祉学などと並んで人間科学と称される領域の主要学問であり、それと対比すれば社会学は社会科学と人間科学にまたがるようなマージナル性をもつ科学といえる。

9　経済学の学問的潮流として見ても、古典派・新古典派経済学が提起する市場経済を前提とする経済学の源流に対して、T. ヴェブレンやJ. K. ガルブレイスらに象徴される制度派経済学、近代資本主義を歴史的にまた批判的に相対化するマルクス経済学、K. ポランニーに代表される未開社会を含めた経済人類学の議論など、経済学内部においても市場を前提とする経済像の相対化がはかられている。

心理学と社会学の関係について、古くさかのぼれば、デュルケムの『自殺論』における次のような論点が出てくる。自殺者の遺書の分析はその多様な心情に迫ることができるものでありつつ、あくまで当事者主観を構成したものであり、真の原因であると言える保証はない。心理学は遺書の解読などを通じて当事者主観にはせまりうるが、社会の傾向という現象はむしろ別のものとして存在する。そのため、デュルケムは数的なデータを通して、その背後に潜む集合意識を個人の意識とは分離して取り出すことを目指した。社会学的にはそれらの個々人の要因が相殺された社会の集合的傾向として属性要因ごとの自殺率の検証がなされ、自殺にいたる集団凝集性との反比例の関係を命題化していったことがあげられる［Durkheim, 1897 = 1985］。

　古典的にはそのように整理できようが、心理学も社会学も多様化しており、それらの研究の全体像からすれば、社会学との対比において、心理学は人間内在的要因を重視するところに特徴があるとおおまかにはいえよう。それに対して、社会学は人間外在的要因を重視し、人間を社会環境の産物であると徹底して考えていこうとする発想であるととらえることができる。例えば、社会学も心理学と同じように意識や心理の現象を扱うが、同じ現象を扱うにしても説明変数が異なっている。社会学科の学生たちは論文や卒論のテーマ決めの際に心配そうに、「意識や心理を扱うと心理学ですよね」と問うてくる。しかし、それは違う。意識や心理そのものは社会学においても重要な研究対象である。違いがどこにあるのかと言えば、心理学では、その意識や心理の原因となる変数を人間の内的要因、心理的要因に取ってくることを基本的な発想とする。例えば、内向的性格の人だからこうなる、外向的性格の人だからこうなるといった

命題を立てていくことが、それに該当しよう。それに対して、社会学はその人の意識や心理を規定する要因を本人の外部、社会環境の要因に求めようとする。本人がそのように考えるのは、出身地が北海道だから・沖縄だから、そのように考えるのは富裕層だから・貧困層だから、そのように考えるのは学歴が違うからなどというふうに、説明要因を社会環境に遡及していく。

例えば、そのような社会的要因の主要変数と考えられるものについて、英語の頭文字を取ってリズム良く並べてみると、「GGDCSRE²」としてはどうだろうか。「性（Gender）」、「世代（Generation）」、「障害（Disability）」、「地域（Community）」、「階層（Stratification）」、「宗教（Religion）」、「民族（Ethnicity）」「教育（Education）」の各々の頭文字を取った、「GGDCSRE²（ジージーディ・シーエスアールイー・ツー）」である。ちょうど、社会調査のフェイス・シートにあたる部分の変数を整理してみたものということもできる。これらのようなものに着目して分析していくところに、社会学の特徴があるといえる。

原因となる変数を社会的要因だと考えれば、それは社会学となってくるし、人間の内的要因、心理的要因を取ってくると、それは心理学となっていく。心理学と社会学は社会意識や心理の規定要因をめぐって裏表の関係にある。したがって、心理学を学問的にイメージできるならば、同じ現象を社会環境を原因として説明しようとする心理学の裏 version と考えてもらうことで、社会学のイメージがつかめるであろう。

研究領域としてはそのようなことが言えるのだが、心理学が現代社会に置かれる比重が顕著に高まっていることに留意する必要がある。それは、大学受験生の心理学科の人気や、心理学本や自助マニュアルの隆盛などに象徴されるものであるが、森真一はそれを「心理

主義化する社会」と名づけている。心理主義化とは、心理学や精神医学の知識や技法が多くの人々に受け入れられることによって、a. 社会から個人の内面へと人々の関心が移行する傾向、b. 社会的現象を社会からではなく個々人の性格や内面から理解しようとする傾向、c.「共感」や相手の「きもち」「自己実現」を重要視する傾向ととらえられる［森, 2000, 9］。経営や教育の場面での応用、自助マニュアルの隆盛など心理学的知識が現代社会においてひとつの科学の地位を占め、ある特定のことを人々に語らせ、おこなわせる権力的な要素を発揮している。心理主義化に関しても、人々がそのような知識を受け入れる社会的状況がどのようなもので、またその結果、どのような社会的状況を形成する効果を発揮しているのか［森, 2000, 42-43］を問うていく必要がある。心理学を社会現象として社会学的に考察する必要がでている時代なのである。

　それは、政治の領域においてもいえる。かつて、英国の自由党出身の元首相、M. サッチャーは、「社会などというものは存在しない」という挑発的な発言をして、物議をかもしたとされる。実際には、「個々の男性、女性、家族」が存在しており、「まず自分自身に気を配り、その次に近所の世話をする」ことで成立する近隣や自発的組織によるコミュニティという存在としての社会には多いに期待していたと回顧録には記載されている。それは、「社会というものは言い訳ではなく、義務の源泉なのだ」という形で、自分の行動に対して最終的に責任をとり行動する個人主義への信頼であった［Thatcher, 1993, 217-218］。政治領域における新保守主義の台頭と人間関係理解の心理主義の浸透には相互性がある［森, 2000, 229-230］。

　英国では自由党の比喩に心理学が、労働党の比喩に社会学が使わ

れることがあるという。自由党では個々人の自助が重んじられ、その結果についても自己責任の原則が貫徹する。すると、そのような不利益の結果にいたったのは個人の責任であり、その行動や経緯を分析するには、個々人の要因に焦点をあてる心理学が適切ということになる。それに対して、労働党は、ブレア政権の第三の道以降、中道路線を取っているのだが、個々人が抱える不利益現象の背景には社会的要因があり、その社会的要因への対応によって問題が解決されるという発想が下敷きにある。そうなると、社会環境の産物として人々の行為と意識を理解する社会学が問題把握と改革提案には適切ということになる。心理学と社会学の関係は学問上の関係にとどまらず、社会問題認識における拮抗勢力各々の背後仮説という側面もある。

4）諸科学の交錯の中からの発想

最後に、各々の社会科学の中にある発想を交錯させることによって、どのような研究上の視点の展開があるか、a. 社会のモデル提起と要素間の関係、b. 社会問題の原因理解、c. 合理性間の包含関係という点についてふれてみよう。

a. 社会モデルの提起と要素間の関係

社会をひとつのモデルとしてとらえようとする試みとして、K. マルクスの「社会構成体論」がある。それは、社会というものは、「下部構造」と「上部構造」からなっており、下部構造は生産諸関係の総体として物質的・経済的機構をしめす「土台」であるとされる。この土台の上に、法律的・政治的・精神的生活諸過程より成り立つ上部構造がそびえたつ。土台である経済的機構が上部構造を規定していくということから、両者の関係は「経済規定説」として定式化

図 8-1　マルクス・社会構成体モデル

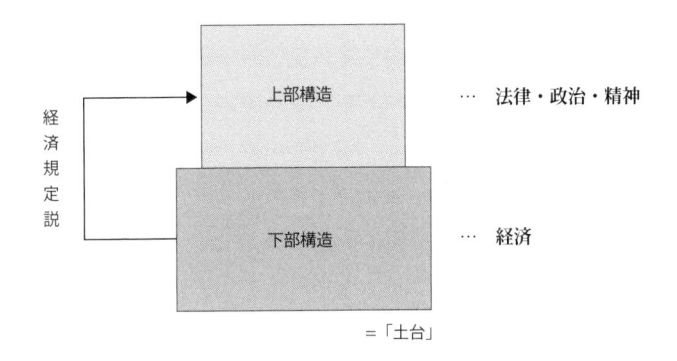

```
            ┌──────────────┐
            │   上部構造    │      …　法律・政治・精神
  経     ┌─▶└──────────────┘
  済     │
  規     │┌──────────────┐
  定     ││              │
  説     ││   下部構造    │      …　経済
         │└──────────────┘
         └──────
                    =「土台」
```

される（図 8-1）。それは、人間の意識の面においても言われ、著名な「人間の意識が存在を規定するのではなく、逆に、人間の社会的存在がその意識を規定するのである」[Marx, 1934 = 1956, 13] という命題があげられる。これは、マルクス風にいえば、資本家や労働者であるという社会的存在がその意識や考え方を決めていくというものである。この考え方は、その後、K. マンハイムらによって「存在被拘束性」という形で概念化されていった。社会を構成する要素をシンプルにモデル化することは、私たちの社会認識のアイデアとしてきわめて重要である。

マルクスの社会構成体論のモデルにしたがえば、経済たる土台・下部構造が主で、法律・政治・精神の諸過程たる上部構造が従ということになり、社会への影響としての経済の要素を大きく見積もることになる。しかし、常にそうなのか。ウェーバーは経済的な要素が支配的になるとしても、社会学的な要因との関係を次のように整理する。「人間の行為を直接に支配するものは、利害関心（物質的ならびに観念的な）であって、理念ではない。しかし、『理念』によ

図 8-2 ウェーバー・「理念」と「利害」の関係

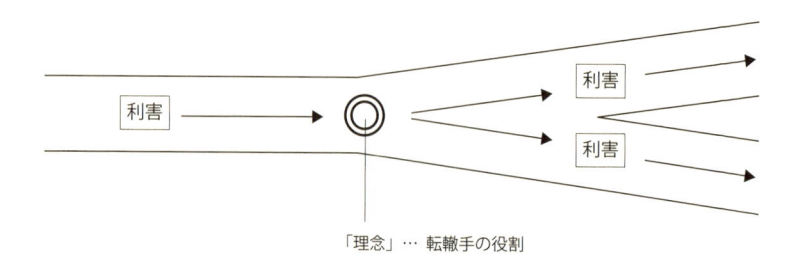

「理念」… 転轍手の役割

ってつくりだされた『世界像』は、きわめてしばしば転轍手として軌道を決定し、そしてその軌道の上を利害のダイナミックスが人間の行為を推し進めてきたのである」[Weber, 1920 = 1972, 58]。すなわち、人間の行為は基本的に利害、特に経済的なものによって動いていくのだが、時に分かれ道に来た場合、そこまで作り上げてきた理念が羅針盤のように行く道の方向性をしめし、しめされた後は再び利害をエネルギーとして動いていくということになる（図8-2）。理念と利害、社会的要因と経済的要因の関係はそのように整合的に理解できる。

b. 社会問題の原因理解

社会問題の原因理解にあたって、抽象的であるが、責任が個人にあるのか、社会にあるのか問われることがある。特定の政治的イデオロギーに基づいて議論するのでなければ、責任の要因は個人にも社会にもあるという中間的回答がむしろ妥当するといえるであろう。それでは、そのような中間的回答の位置づけをどのように理解したらよいだろうか。

それは、椅子取りゲームみたいなものだと考えることができる。椅子取りゲームの仕組みは、参加人数より席がひとつ少ないわけだ

から、具体的な誰であるかは別にして常に誰かがはじかれて席に座れない構造にある。その意味で、構造に基づく問題は社会の問題であるといえる。しかし、席に座れない具体的な誰かが誰になるのかは個人の問題である。ゲームの中でうまく立ち回れない人、判断の誤った人、運動能力が今ひとつだった人など席に座れなかった理由そのものは、その人の行動の中に原因があるであろう。そういう際、席に座れなかったことに着目するならば、それは個人の努力でしのぐべきだという考え方が出てこよう。他方で、そのゲームの構造がある以上、席に座れない人は常に存在し、現在座れていても次のゲームでは座れない誰かが自分になる可能性も否定できない。それゆえに、ゲームの仕組みのほうを変えようという考え方も出てくるわけである。席にすわれない人を鍛えればよいと考えれば個人的責任問題として理解されることになり、ゲームの仕組みのほうを変えたほうがよいと考えれば社会的責任問題として理解されることになる。ゲームにおいて、この2つの問題は常に発生する。したがって、どちらかにかたよることなく、その両面での問題認識と解決探索が必要となろう。

c. 合理性間の包含関係

デュルケムに「前契約的連帯」という考え方がある。それは、私たちが結ぶ契約がいったい何によって可能となっているかということである。あらゆる契約は2つの契約的要素によって成り立っている。第1は、私たちが意識的に結ぶ契約である。政府をつくったり、組織を創設したり、一定の価格で商品を引き渡したりするために結ぶ契約である。もうひとつ、第2の隠れた契約がある。それは、当事者たる二者が第1の契約の規定を守るという暗黙の契約である。契約を結ぶことが価値づけられるためには、相手が約束を

守るという確信が必要である［Collins, 1982 = 1992, 12］。契約書に書かれる前の背後に存在する、人々の共通理解が社会を支えていく。

　いかに契約書に適切かつ重要なことが書いてあっても、それを守ろうとする態度がなければ、当然のように達成されない。そして、契約を順守すべき態度の指摘が契約書内にある場合もあるが、それ自身は契約の中で構成しきれないものの存在を公にしているということになる。すなわち、契約は契約の外にある、前契約的要素によって包含され支えられているということになる。これは、要するに、社会が信頼に基づくものとして構成されていることをしめしている。「人々が協同しうるのは、そうすることが得であると合理的に考えるからではなく、他の人びとが契約を守るものと信じてよいという感覚をもっているからである」［Collins, 1982 = 1992, 15］。

　言葉を代えていえば、合理性は非合理的要素によって基礎づけられているということである。経済学を中心として存在する、目的合理性という考え方もひとつの価値観といえるわけだから、それ自身が価値合理性の中のひとつのバリエーションということもできる。すなわち、社会全体は価値合理性に覆われているのだが、その一部に目的合理性があるという包含関係になっているのである。社会学は合理性を限られたものであるとし、一定の条件の下においてのみ生じるととらえる。その延長上には、社会そのものが論理的思考や合理的契約ではない非合理的な基盤の上に立っているという認識があるのである［Collins, 1982 = 1992, 3］。

　以上のようなa・b・cの視点を具体的な現実にあてはめて理解していくことが求められる。そこに、社会学と他の諸科学とのダイナミズムのおもしろさが存在する。常にプレイボール直後の1番バッターとして新鮮な気持ちでバッター・ボックスに入ること。出塁

して諸学問につないでいく、他学問との接着剤となっていく、その連携感覚の中に、学問の1番バッターたる社会学の重要な意義もあるのではないかと思われる。

第9章 参議院としての社会学
──社会との関わりとその多様性

1）「役に立つ」言説のとらえ方

　近年、科学や学問の社会的効能が問われるようになっている。大型の研究やプロジェクトには相当額の経費がかかり、その投入に見合った結果が求められるようになっている。もちろん、研究には最終的に実験や実証に「賭けてみる」という「いちかばちか」「のるかそるか」の要素がつきまとい、それゆえに無数の失敗をともなったうえで革新的な研究が生まれるということがある。そのため、一連の研究の流れの中で結果が出なかったとしても、それでその研究は即刻ダメだということにはならない。しかし、昔ならそのままでも許されたが、現代社会においては、そのときでも、少なくとも、その研究計画の展開や失敗の理由を解説できる「説明責任」（accountability）が必要とされる時代になっている。

　社会学に近いところで考えれば、社会学の重要な研究手法として社会調査があり、大量観察調査・事例調査共に、相手に受諾し了解してもらったうえで、回答・会話などのデータを引き出してこなければならない。その際、人々が多忙な生活を送る現代社会において、学問的な意義を唱えるだけでは、相手の時間をいただいて調査への協力を無理強いすることはできない。手続き的な了解や学問的な意義に加え、社会的影響、社会問題改善への可能性、そしてデータのフィードバックなどの説明をして、調査の協力をえることが求めら

れる時代となっている。社会学は社会を生きる人々の生活や意識の研究が基本にあるので、人々の調査への協力がえられないとき、社会学研究の足元そのものが揺さぶられる。

　科学研究において、上記２例にあるような傾向が強くなるとき、それを象徴的にしめすのが、「どんな役に立つんですか」という問いである。「役に立つ」という功利主義的な効果を求める言説の効果は根強い。「役に立たなくて、どこが悪い」と開きなおることも可能ではある。しかし、そのことによって、人々からデータが得られなければ、人々の生活や行為の研究を基礎とする社会学自身を遂行することができない。

　小難しく粉飾されているものの中味のない議論に対して、大阪商人風には「なんぼ？」と問う直裁の感覚が、「役に立つかどうか」という問いにはあるといえる。しかし、そもそも考えると、「役に立つのか」と一般的に問われて窮するとき、その言い方自身を分析的に考察していく必要があるであろう。例えば、３つの角度で「役に立つ」言説を相対化してとらえてみることができる。それは、「〈誰の〉役に立つのか」「〈いつ〉役に立つのか」「〈どのように〉役に立つのか」である。

　まず、第１に「〈誰の〉役に立つのか」である。役に立つということが、「人類の」「国民の」「地域の人々の」役に立つという言い方は可能であり、事実としてそういうこともあろう。しかし、そこに「富裕層の」「男性の」「健常者の」「東京の」といった言葉を入れた途端、「〈誰の〉役に立つのか」というのがきわめて権力性のはらんだ主題であることがわかる。「役に立つ」として一般的に議論されているようでいて、本当には誰にとって役に立つのかという問いに変換した途端、それは権力を持つ側、社会の上層など一部の限

られた人たちにとって役に立つだけではないのかという批判に視野が広がっていく。

　第2に「〈いつ〉役に立つのか」という時間性の問題である。「役に立つ」議論の多くは、即座にあるいは近々に役に立つことを想定しているであろうが、「すぐ役に立つことは、すぐだめになる」という言い方もされるように、成功のモデルが未来永劫続く保証はない。物事にはそれを身につけるための熟成の時間が必要であったり、時間の経過にともなって特定の働きが別の働きをするようになるという機能的な変化も存在する。すると、「今役に立たない」からといって、「今後とも役に立たない」と完全に言い切れるわけでもない。「いずれ役に立つ」という将来展望を含めた視点に切り替えていくことに意味がある場合もある。逆に、私自身が書く論文が歴史の中でどのように役に立つかを考えれば、はなはだ消え入りたくなるようなものだが、「今」という時点に限るならば、論文を書いて発表するということが出版社・印刷所の仕事を回すという意味で役に立っていたりする。高齢者が寝たきりになって何も役に立てないと考えるのではなく、寝たきりという状態を例えば子どもたちに知ってもらう存在というふうに発想を逆転させて役に立たせようとする施設の例もある。「役に立つ」かどうかは焦点と時間幅のあて方次第ということも言える。

　さらに、第3に「〈どのように〉役に立つのか」ということもある。多くの場合、「役に立つ」の中味はお金になるとか、効率化を達成するとか、健康のためにということであったりする。それらはひとつの価値観にしたがえば意味のあることであるが、お金ではないもの、ゆっくり味わうことなどに価値観の浸透が置かれるならば、「役に立つ」ということも相対化される（他方、「不健康でどこが悪い」

と開き直ることにためらいがあるように、逃れられない現代のイデオロギーとしての「健康」の強固さに気づかされたりする例もある)。「役に立つ」という功利的な視点だけでなく、自分の学びや生き方に「ためになる」かどうかという形で物事の意味合いの質を問い直すこともありえよう。お金にはならないが、ためになることは世の中にたくさんある。

そして、そもそも「役に立たせられるかどうか」は、道具を使うあなた次第という要素も最終的にはさまざまな場面に存在する。包丁を使っておいしい料理を作るか、人を殺してしまうかは、その人次第、使い方次第なのである。そのことは、社会学にもあてはまり、社会学で人を生かすも殺すもあなた次第、使い方次第だと考えられる。

以上のように、「役に立つ」という言い方も複数の角度から相対化することができる。それをふまえ、「役に立つ」という言説がもつ鋭さと危うさを視野広く見ていく必要があるだろう。

2) 参議院と衆議院

前章では、社会学の学問間の関係の中での位置を測るため、1番バッターとしてとらえる比喩をあげたが、この章ではどういう社会的役割を果たす存在として社会学をとらえればよいのかを国会の両院制を比喩に考えてみよう。ご存知のように日本の国会は二院制をしいており、衆議院は最大4年任期で、議院内閣制の下、実際に総理大臣を出す院として、任期中に途中解散のある常在戦場である。それに対して、参議院は6年任期は固定されており、3年で半数が交代するという形式をとっている。衆議院選挙は時の政治的帰趨を決することから「総選挙」とよばれるが、参議院は定期的に行われるという意味で「通常選挙」という名の下に粛々と行われていく。

参議院は解散のない長期の任期であるので政権選択に左右されない有識者による議論が可能であるとして「良識の府」とよばれたり、衆議院で可決した後に参議院に送付されて 2 度目の審議に入ることから「再考の府」とよばれることもある。

そのような参議院の理解として、ひとつには「カーボンコピー論」として、参議院は不要であるという考え方がある。政党ごとの議会勢力が衆議院と参議院で類似していたり、衆議院で行われた議論や検討が参議院で繰り返されたりすることで、参議院は衆議院のカーボンコピーとしてみられ、同じことは 2 度する必要はないとして、その働きに疑問符がつけられることになる。それに対して、近年は「強い参議院論」が出てきている。与野党伯仲の 90 年代、政権交代の 00 年代と、参議院と衆議院とで政党の議会勢力が異なり、その結果、ねじれ国会において参議院が主戦場となってきているという判断が後者である。カーボンコピー論では特に法案審議過程が重視され、その過程での参議院の影響力が評価されることが多いが、他方、強い参議院論では法案審議過程のみならず、内閣の形成過程を含む政治過程全般を参議院の影響力の対象としてとらえようとする違いがある［竹中, 2010, 11］。

このような参議院と衆議院の関係になぞらえ、「社会学は参議院である」と見立ててみてはどうだろうか。その際、現代社会における経済政策の影響力の大きさと関心の高さという点に鑑みて、比喩的には経済学を衆議院として対比しえよう。参議院は、衆議院のように内閣の主要ポストを占拠し、解散か内閣総辞職かという政局のターゲットになるようなことはないが、ある時間幅をもって問題の事柄にあたり、衆議院とは違う専門性を有する形で国会運営に携わっていく。社会学も新しい社会事象に立ち向かったり、学問間の越

境により各学問の相対化を図り閉塞感を打ち破ろうとする「強い参議院論」に近い独自性をもった学問といえるが、経済学などの幅の広がりや社会的影響力を考えれば、それ自身単独で社会科学の中核であるということはできない。他方で、方法論的な多様性が方法論的あいまいさの裏返しであったり、社会学のテーマ設定に残りものという残余科学的な要素があることから、「カーボンコピー論」に潜在する「参議院不要論」と類似した「社会学不要論」というものもありえる。社会学には、社会的影響にかかわる常在戦場とは距離を取って、社会現象の根拠そのものを再検討する冷静な「再帰性（reflection）」をも学問的発想の拠り所のひとつとしている。しかし、そのような働きの意味を位置づけられなければ、確かに社会学は参議院と同様に不要とされるであろう。

　そのような参議院の役割に似た、社会学的研究の意味合いを時間幅としてとらえた武川正吾の論考がある［武川, 2011］。それは、「炭鉱のカナリア」と「ミネルヴァの梟」を対比させつつ、研究者にとっての時間幅の問題を考察したものである。「炭鉱のカナリア」とは異常があると鳴き声が止むカナリアを鉱夫たちが炭鉱内の毒ガスの早期検知のために用いたことであり、「ミネルヴァの梟」とは梟が学問の神・ミネルヴァの化身と考えられ、黄昏に飛び立つところから、学問が真理を見出すのは時間が経過しその事象が終焉を迎えようとするときであるとされるものである。すなわち、炭鉱のカナリアは短期の変化予測に対応し、ミネルヴァの梟は長期の変化を総括するものといえる。ミネルヴァの梟自体は数十年から数百年スパンのものであり、社会学においてもウォーラスティンの世界システム論のように数百年という超長期の時間を対象とするものもあるが、総じて社会学にとっての長期は数十年から100年ほどであろう。

すると、短期の「炭鉱のカナリア」と長期の「ミネルヴァの梟」の間にあって、ちょうど 10 年ほど、英語でいう decade に該当する時間幅程度の研究が求められているのではないかと武川は述べる。その例示として、戦後日本の社会政策の変動において工業化（産業優先）と脱工業化（生活優先）は 10 年周期で議論が繰り返されたり、介護保険の議論の登場・法定化・制度発足には 10 年の時間の経過が必要であった。

社会学においても長期・超長期の仕事は歴史学と重なり、短期の仕事は現在と格闘するジャーナリストと重なるが、この中期の仕事が可能であるというところに社会学の活躍の場を見つけられるのではないかという問題提起が可能である。10 年程度の幅をもって社会の動きをとらえ、その来し方行く末を論じていくところに、社会学が他の学問と異なる「役の立ち方」があるのではないかと言うことができよう。

「炭鉱のカナリア」的な要素のある常在戦場たる衆議院と異なり、不要にも見えつつ、異なる角度から時間をかけて議論をすることを目的とする参議院は、社会的役割や研究の妥当な時間幅という観点から社会学の「役の立ち方」の比喩と考えていくことができるだろう。

3）理念・理論・実証・実践

社会との関わりが議論になってくるとき、社会を変えていく「実践」ということが話題にのぼってくる。しかし、科学的営みという観点から考えると、まず「理論と実証」という対の言い方の検討から入っていくことがよいであろう。「理論と実証」とは、理論や分析枠組の検討によってもたらされた仮説を、現実の検証や実験によって具体的な事実に基づき実際に証明（実証）してみるということ

図9-1 理論・理念・実証・実践の関連

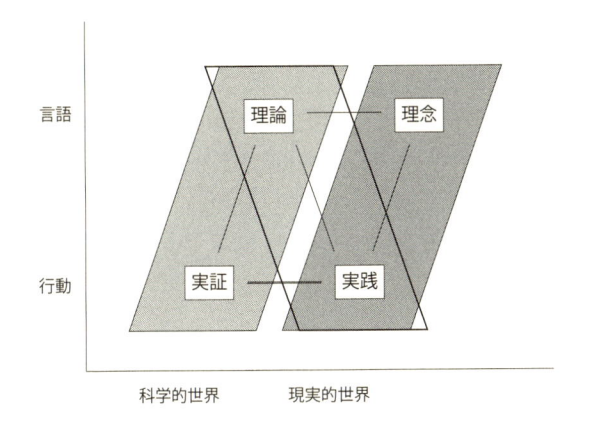

```
言語        理論      理念


行動        実証      実践

       科学的世界   現実的世界
```

である。「理論と実証」は科学研究における車の両輪みたいなものであり、両者がかみあった中で優れた科学的成果を達成していくことができる。

「理論と実証」でなされた成果をふまえつつ、それを超えて、「理論と実践」という言い方がされる場合がある。そこでは、先の「理論と実証」の双方を含みこんだ科学的営為の成果としての「理論」を、現実世界における実際の行動（実践）に向けて応用し、世界の改変を試みていくということである。実際に証明できるかどうかに焦点があることを超えて、現実世界の具体的活動における「実践」によって何が達成できたのかをもって、「理論」がもっていた観点や進むべき方向の妥当性が測られていくことになる。「理論」は「実践」の必要から生まれ、「理論」の真理性は「実践」に適用して成功することによって検証される。「理論と実践」は科学的営為と現実的営為の橋渡しがなされる接点ということができる（図9-1）。

理論・実証・実践を比較した場合、「理論」と「実証」は科学的

世界の営みであり、「実践」は現実の世界の営みである。そして、「理論」は科学的な言語によって作り出される世界であり、「実証」は科学的な世界での具体的な行動ということになる。そして、「実践」は現実世界における具体的行動である。すると、これらを2軸2象限的に組み合わせて考えてみると、現実世界で言語によって作り出される領域が残っている。それが「理念」であるということになろう（図9-1）。「理念」とは、ある物事についてのこうあるべきであるという方向性をしめす根本の考えということができる。それに対して、「理論」とは個々の事実や認識を統一的に説明し、予測可能な普遍性をもつ体系的知識ということができる。「理論」という言い方には、「実践」や実現可能性を意識していない純粋な知識だという要素もあり、その際には高尚な知識であるものの無益であるという含意もある。「理念」がもつ、前に向けて切り開いていこうとする性質に対して、「理論」は既に起こっている事象を後から整理するという性質を有する。もちろん、「理論」による整理によって将来・未来において起こりうることを論理的・分析的に予測するということもあるのだが。

　私たちは日々具体的に生きていかなければならない。その時に意味があるのは、空理空論ではなく、人間が現実世界でおこなう「理念と実践」である。例えば、「理念と実践」に生きるモデルのひとつが、「理念」に支えられて改革をめざす政治家であろう。ウェーバーは政治の世界をこう評する。「政治とは情熱と判断力を駆使しながら、堅い板に力をこめてじわっじわっと穴をくり貫いていく作業である」[Weber, 1919 = 1980, 105]。政治には困難さに打ち勝つ判断力と目的に向けた情熱が問われるということがしめされる。しかし、その「理念と実践」で進むとき、その現実世界で起こること

への理解や展望がなければ、地図をもたない単なるやみくもな前進ということになろう。どのようなことが起こっており、その展望はどのようなものなのか、それを知ろうとするとき、科学的な整理を提示する「理論と実証」が重要になってくる。私たちは、「理念と実践」をよりよく進めるためにこそ、「理論と実証」の支えを必要とするのである。

科学的世界における「理論」と「実証」の対比、現実世界における「理念」と「実践」の対比、他方で、言語活動としての「理論」と「理念」、具体的行動としての「実証」と「実践」という4つの違いと関連について鋭敏であることは、私たちの生きる世界で起こっていることを論理的に見る見方を広げていくであろう。現実世界において「理念」と「実践」という課題を掲げて生き抜いていくのは、何も政治家だけに限られるものではない。むしろ、日々を淡々と生きていく生活者の中にしたたかでタフな「理念と実践」へのかかわりがあるといえるのかもしれない。そして、「理論と実証」というテーマを掲げ、限定された世界ではあるものの科学的世界においてそれを追求していくのが研究者の役割であるということになろう。

4）学問が取り巻かれる行為主体群

真空の実験室ではなく、社会的現実の中で社会学的研究も行われるものである以上、社会学研究者もさまざまな行為主体群に取り巻かれていることになる。それらの行為主体群の主なものを理念型的に配置・図式化するならば、authority—counter、expression—actionの2軸を設定して、図9-2のように考えてみることができる。authority—counter は社会におけるある種の権威として認められた立場でふるまうのか、あるいは対抗勢力的なものとしてふるまうの

図 9-2　研究を取り巻く行為主体群 1

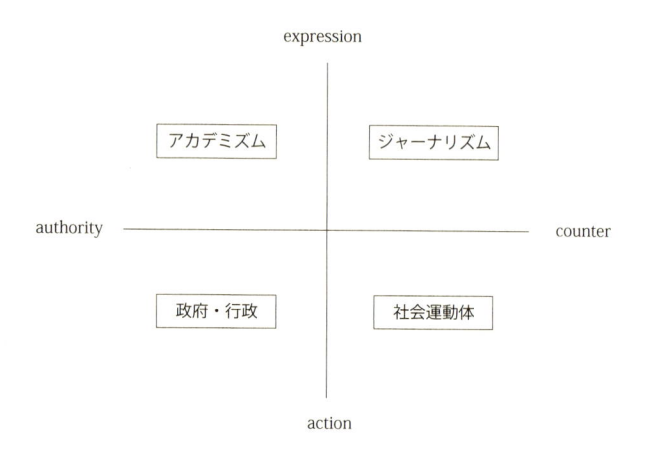

```
                    expression
                        │
        ┌─────────┐     │     ┌─────────┐
        │アカデミズム│    │    │ジャーナリズム│
        └─────────┘     │     └─────────┘
                        │
authority ──────────────┼────────────── counter
                        │
        ┌─────────┐     │     ┌─────────┐
        │ 政府・行政 │    │    │ 社会運動体 │
        └─────────┘     │     └─────────┘
                        │
                      action
```

かという軸である。もうひとつの expression—action は社会に向けての表現というところに目的があるのか、あるいは社会にかかわるアクションを起こしていくことに目的があるのかである［藤村, 1996a］。

4象限はどのようになるか、具体的に見ていこう。まず、学問や科学の権威をふまえつつ研究成果を表現していく第2象限として「アカデミズム」を設定していくことができる。ここに狭く閉じこもれば、「象牙の塔」と指摘されるアカデミズムの弊害が如実に現れることになろう。他方、東日本大震災とその後の原発被害において、科学的説明の根拠に疑問がもたれたのも記憶に新しい。「常識を疑え」ではなく、「常識から疑え」ということも専門知識相対化のためには有効である。同様に、第3象限に政治勢力としての権威の下にあり、しかし実務として公共政策を進めていかざるをえない「政府・行政」がある。研究者も政府・行政が実施する調査研究

に関与する場合もあれば、審議会など政策立案やその評価・決定の一部に関与するような役割の果たし方もある。場合によっては、政府・行政にお墨付きをあたえるだけの「御用学者」という厳しい指摘がなされることもある。つづいて、第1象限に戻り、社会に向けて表現をすることが仕事であり、そこに権力批判という対抗勢力的な社会性が内包されているとき、「ジャーナリズム」の仕事となってこよう。もちろん、社会へのその影響力からジャーナリズムもまたある種の権力体となっているということも事実であろう。他方で、研究者がその世界に参入すると、「売文家」という名称や「スタンド・プレイ」という評価をもらうこともある。さらに、第4象限として、対抗勢力でありつつ、改革を目指して社会に働きかけていくことを目的とする「社会運動体」が存在する。研究者は理念の主導や現実の調査、さらには自らが活動を担うなどして社会運動体の支援を行うこともある。昨今は批判するだけでなく、参画重視が求められてきている一方、他方で改革的な要素を有していたはずのNPOが行政の下請けになっているのではないかという批判がなされることもある。

　社会学研究者も、各研究者の立場、対象問題の性格によって、アカデミズムたる第2象限を基点としながら、他の象限の行為主体のパースペクティブを参照して研究したり、あるいは現実に他の象限にふみこんで積極的な関わりをもって行動する場合がある。この象限のどこに自分を位置づけて仕事をしていくかは、社会学の社会的機能をめぐる格好の題材であるといえる。

　ここでは社会学がかかわってきた主要な行為主体群を4つあげたのだが、これをさらに現代化するならば、これまで産業社会学・労働社会学の主要舞台であり、現代社会に大きな影響を与えている

行為主体として「企業」が位置づけられることは言うまでもなく必要である。さらには、知的財産権などに象徴される、研究者・研究集団による特許化を通じて大学そのものが商業化・企業化、あるいは大学資源が市場化していく様相を「アカデミック・キャピタリズム」としてとらえる視点も提起されている［上山, 2010］。一方、現代において批判精神旺盛なジャーナリズムが活発化しているとも言い切れず、「メディア産業」とでもいうべき形で、コンサマトリーで利益志向的な産業領域として広範な活動が普及してきている。さらに、社会運動体も確固たる組織活動によって支えられるというよりも、流動化したメディア空間から波及する情報流通が動員につながる「市民ネットワーク」的な存在として新たな態様を迎えつつある［吉見, 2012］。このように、学問を取り巻く行為主体群も現代化しており、図9-3のように社会的な配置を考え直す必要性も高まってきている。学問を取り巻く行為主体群へのまなざしも時代に即応して鋭敏でなければならない。

　これらの行為主体の関係のうち、ウェーバーの著名な『職業としての政治』には、研究者とジャーナリストが対比的に興味深く取り上げられている。「本当にすぐれたジャーナリストの仕事には、学者の仕事と少なくとも同等の『才能』が要求されるということ。（中略）ジャーナリストの責任の方が学者よりはるかに大きく、責任感の点でも、誠実なジャーナリストになると、平均的にみて学者にいささかも劣るものではなく、――戦争の経験からも分かるように――勝ってさえいるということ。（中略）さらに慎重さの点でも、有能なジャーナリストになると、他の人々より平均してずっと上だということ。（中略）この職業には他とまったく比べものにならないくらい大きな誘惑がつきまとっている。」［Weber, 1919 = 1980, 43-

図9-3 研究を取り巻く行為主体群2

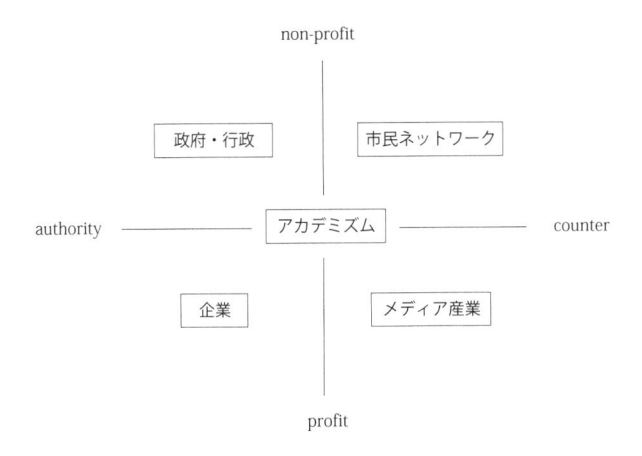

```
                        non-profit
                           │
          ┌─────────┐  ┌─────────────┐
          │ 政府・行政 │  │ 市民ネットワーク │
          └─────────┘  └─────────────┘
                           │
authority ─────────── ┌─────────┐ ─────────── counter
                      │ アカデミズム │
                      └─────────┘
                           │
          ┌─────────┐  ┌─────────────┐
          │  企業   │  │ メディア産業  │
          └─────────┘  └─────────────┘
                           │
                         profit
```

44]。「若い学者の生活にも冒険はあるが、彼のまわりには堅固な身分的な習律がはりめぐらされていて、脱線を防いでいる。ところがジャーナリストの生活はどこから見ても冒険そのもので、しかも彼はその特殊な条件の下で、おそらく他の境遇ではほとんど経験しえないような仕方で、その内的確信をテストされる。」[Weber, 1919=1980, 47]。ジャーナリストの置かれる仕事の広がりと責任、そのキャリアの形成と継続における冒険の連続、それにもかかわらず存在する誘惑。現代にも連なる研究者とジャーナリストの役割の違いを彼は100年前に見抜いていた。

　研究者はジャーナリストではない。ウェーバーは、政治の仕事の困難さを知り、研究の仕事におけるある種の限定が必要なことを了解したうえで、それゆえに研究者が人びとを扇動するような発言や態度を取ることは戒めるべきであると考えていた。彼はむしろ学問の立場にたつものに必要な自己規制について述べる。「『直観的に捉

えること』を願う人びとは、映画館へでも行くがよい。(中略)「説教」を聞きたい人びとは宗教的な集会へ行くがよい。(中略) 人類の運命の歩みがその一断面を展望する者の胸に感動の荒波をかき立てるということは、真実である。けれども、海原や高い山々の眺めを前にしたときと同じように——もしも、みずから芸術家的創造や預言者的挑戦を使命とし、またその能力に恵まれていると考えるのでなければ——自分のとるに足らぬ個人的注釈などはそっと胸にしまっておいた方がよいのである」[Weber, 1920 = 1972, 26-27]。ウェーバーは研究者が研究上できることの限界に自覚的であった。

　ウェーバーは次のように言いたかったのであろう。さまざまな立場の中で仕事をしつつ、それらのどこかの立場に安住したとき、研究者は自らのフットワークが切り開いていく学問の可能性を失うのだと。「上の階級に対しても、下の階級に対しても、また自分が属している階級に向かっても、都合の悪いことを云うことこそ、われわれの科学の使命であります。」[Weber, 1895 = 1959, 51, 一部訳変更] 研究者に安住の地は約束されていないのである。

第10章 社会学的想像力の羽ばたき

1）歴史と個人史を重ねる

　知的職人の旅への誘いとして始まった本書も最終章をむかえることになった。提示できたことは「考えるヒント」の一部にすぎない。それらの方法の根源にあるものとして、再び1章でふれたミルズに戻り、彼が唱えた「社会学的想像力（sociological imagination）」にふれておこう。社会学的想像力は社会学者が好んでよく使う言葉だといってよいだろうが[10]、それは、第1に時間軸の中で実は並行してすすむ歴史と個人史を結びつけ、第2に空間軸として個人環境に関する私的問題と社会構造に関する公的問題とを結びつけていく力としてとらえることができる。その2つを基本としつつ、社会学的想像力として、振り子のように、どのような思考の往復運動が可能であり、また求められるのか、他の点も加えて、本章でいくつかふれてみよう。

　社会学的想像力の働きの第1は、歴史と個人史を結びつけてい

10　ミルズの社会学的想像力に関連する著作として、その解題を試みた［伊奈・中村, 2007］、社会認識との関連を問うた［厚東, 1991］、創造力へと議論を展開した［金子, 2000］、多様な問題に問いかけを適用した［鈴木・澤井, 1997］などをあげることができる。
　なお、国際社会学会（ISA：International Sociological Association）が1997年に実施した、世界の社会学者が選ぶ「20世紀の社会学書」に関するアンケートの中で、ミルズの『社会学的想像力』は2位となっている。1位はウェーバー『経済と社会』、3位はマートン『社会理論と社会構造』、4位はウェーバー『プロテスタンティズムの倫理と資本主義の精神』、5位はバーガー＆ルックマン『日常世界の構成』であった［伊奈・中村, 2007, 25］。

図 10-1　加齢・時代・コーホート・人生の関連図

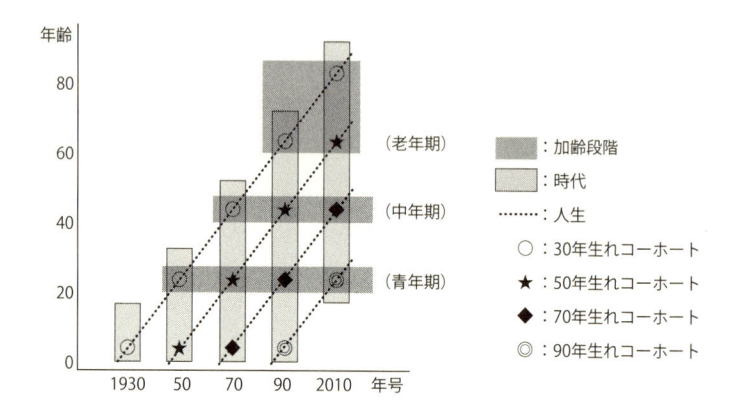

こうとすることである。この試みを考えるとき、ここ 30 年間ほど社会学や心理学の共有財産となってきている「ライフコース論」における「APC 効果」という発想が手助けとなる［富田・藤村編, 1999］（図 10-1）。ライフコース論は結婚の有無や子どもの有無、離婚の増加、高齢期の寿命の長短など、個々人の一生の差異が目立つ社会現象が本格化してきたことによって、歴史に規定されつつ、長さもでこぼこ具合も違う道のりを、各人が歩んでいくものとして一生をとらえようとする発想である。その中での「APC 効果」とは 3 つの英語の頭文字を取ったもので、Aging（加齢効果）、Period（時代効果）、Cohort（コーホート効果）の 3 つである。加齢効果とは、年齢の上昇にともなう生活や意識上の変化であり、身体が疲れやすくなったとか、発想が保守化したなどとされるものである。時代効果とは、年齢が異なっても、その時代の社会の影響を人々が一気に受けるようなもので、戦争や災害、高度成長、メディアの影響など

があげられる。コーホート効果におけるコーホートとは同時経験集団とでも訳されるものであり、同時期に同じような経験をした人たちはその後の人生においても類似の経験をしていく可能性が高いという考え方にたつ見方である。出生コーホート、同期入社コーホート、出産コーホートなどが、その具体例となる。これらAPCの3つの影響が私たちの日々の生活体験を彩っていると考えられる。これを図示すると、図10-1のようになり、私たちの人生はこの図を右上に向かって生きていくことになり、他のコーホートとは異なる道程を私たちは歩んでいくわけである。

　この図を見ることで、1930年代生まれで現在80代の人たちは幼少期に戦争を体験し、その後30代で高度成長期を経験、低成長期、バブル経済期を経て、90年代の「失われた10年」の時期に定年となっていることが理解できる。同様に、1990年代生まれの人たちは子ども期から青年期にかけて低成長時代の日本しか経験していない世代ということになる。一人ひとりの人生としては、どの世代においても、子ども―青年―中年―老年と、生物としての成長・成熟・衰退を経験していくのだが、例えば、同じ青年期であっても、それをどの時代として過ごしたのかは本人の意識と行動に大きな影響をあたえるであろう。戦時中に若者だった世代、高度成長期に若者だった世代、低成長期に若者である世代。同じ若者でありながら、彼らの背景にある時代と社会は大きく違う。そのようなものとして、歴史と個人史を結びつけていくことが必要となる。

　このように私たちは歴史の中を生きている。そして、歴史は教科書の中にあるのではない。人々が日々の日常生活を生き、それが累積され構造化されていったものが後の人たちから歴史とよばれるにすぎない。すなわち、私たちの毎日の営みが歴史になっていくので

ある。その意味で、私たちは日々歴史の中を生きている。そして、私たち一人ひとりも自らの一生を生きていく中で、自分自身の歴史、すなわち個人史を日々生きている。そのような自覚をもって、歴史と個人史が結びつき、重なりあったものとして自己と社会を認識していくとき、社会学的想像力の働きが発揮される。

2) 社会は細部に宿る

　社会学的想像力の第2は、個人環境に関する私的問題と社会構造に関する公的問題とを結びつけていく力である。ミルズは、前者・私的問題を trouble、後者・公的問題を issue とした。私的問題は一個人の内面的な問題や他者との相互行為の中でひとまず起こる問題である。それに対して、公的問題は個人の範囲を超えて起こる問題であり、多くの人々がそれによって左右される失業や戦争、都市化などが想定される。そして、自分だけが悩んでいるのではないかと個人の問題に見えるようなものも、実はその背景に社会構造がかかえる問題が横たわっており、その両者を結びつけて理解していく必要性についてミルズは語る。

　例えば、現代社会においておこる家庭内の暴力も、その背景としてある家族の少人数化・核家族化にともなう密室的な状況、それらを生み出した職業移動や地域移動での家族の変容、それらの変動の下にある産業化・都市化というものが底流に流れているととらえることができる。他方で、近年の家庭内暴力として把握される数の増加も、家族がいっそう荒れるようになってきたのか、家庭内暴力の報道や抑止への政策的動きなどが人々の認知構造をより自覚的にして、発見されやすくなってきたのか、私的問題と公的問題の接点として考える必要もある。私的問題の背景に社会的要因があり、他方、

社会的要因が働くことで私的問題がうかびあがってくる。

　個人と社会を結びつけたところで問題を認識していこうとする方向性は、ジェンダー論の議論においてもあり、その代表的なキーフレーズとして、1960年代の第2波フェミニズムで登場した"personal is political"というものがある。それは、personal = politicalと考えることで、女性の個人的な問題や悩みと思えることも、実はその背景に男性と女性という両性間の政治的・権力的な関係が含まれたものとしてとらえていこうとする営みであったといえる。それに習っていえば、ミルズの私的問題と公的問題を結びつけようとする試みは、"personal is social"とでも言い直すことができるものだろう。個人的なことは実は社会的な要素や背景をもつものであると。

　現象学的社会学の議論の中に「社会は細部に宿る」という理解がある［浜, 1991］。この「社会は細部に宿る」は「神は細部に宿る」からとられている。「神は細部に宿る」は、精神的なものとしていまこの瞬間に気づくことで大いなる全体へのつながりが意識されるという理解がなされたり、建築において細部へのこだわりが全体の完成度を高めるという理解がなされたりしている。これを「社会は細部に宿る」に展開すると、どう理解できるか。

　行為者は常に「いまここ」に身をおいて生きているのだが、この「いま」の中には過去の記憶や未来への予期が含まれ、この「ここ」においても物理的な空間の点ではなく、向こうから彼方への連続性を含むものとして「ここ」がある。「いま・ここ」は「いま・ここ」にとどまらない広がりをもつ「いま・ここ」なのだといえる。「国家や経済システムなどのマクロな構造についての経験は、「いまここ」におけるミクロな相互行為のなかに投入され、相互行為をパターン化すると同時に、相互行為における経験によって確認されたり、

変更されたりするのである」[浜, 1991, 158]。行為者の社会的世界からとらえてみると、マクロはミクロのうちに宿り、ミクロがマクロに生命を与えていると考えられる。すなわち、行為者の「いまここ」に歴史と社会という全体への連なりが包含されているのである。私的問題と公的問題を結びつけていこうとするミルズの発想を、マクロの要因がミクロの事象に現れ、そのミクロな事象そのものがマクロな事象へとつながっていくものとみれば、まさに「社会は細部に宿る」ということになろう。社会学的想像力の第2の側面を「社会は細部に宿る」と言い直してみてもよいのではないだろうか。

ここまでの2つの節でみたように、ミルズの言う社会学的想像力を発揮するために、時間軸の中で並行してすすむ歴史と個人史を重ねて結びつけ、空間軸におかれる個人環境に関する私的問題と社会構造に関する公的問題とを結びつけていくことが課題となってくる。それら対応する両者の間をフットワークよく思考の往復運動をおこなうこと、そこに社会学の方法的ヒントのひとつがある。

3) ルールブックとゲームの関係

ミルズの社会学的想像力の特徴的な2点について検討したのだが、フットワークよい思考の往復運動として、ここから他の視点のいくつかについてふれてみよう。一般的に言って、学問の話というのはおもしろくないことが通り相場となっている。それでは、なぜおもしろくないのだろうか。その理由の一つは、学問の話の多くが現実から抽象化された概念を使って説明されるからである。抽象化された概念とその体系は、ある意味でスポーツのルールブックみたいなものである。スポーツのルールは、多くの場合遊びから始まった各スポーツでさまざまなルールの運用が試され、その中で次第次

第に統一されていく形でできあがっていく。そして、それが組織や団体によって公認されるようになって、ルールブックとなっていく。しかし、実際のスポーツの試合を見る前に、初めにスポーツのルールブックだけを読んでおもしろいと思える者がいるということはないであろう。私たちはまずスポーツの生の試合を観戦し、いわば現実を知っておもしろいと思うのであって、ルールそれ自身に面白さがあるというわけではない。逆にいえば、ルールの面白さをわかるためには、スポーツのゲームをたくさん見るように、現実をたくさん知っていなければならない。すなわち、学問が面白くなるためには、学問より先に世の中の現実について多大な関心をもって多く接していることが必要となる［藤村, 2009, 2］。

　ルールブックとゲームの関係は、抽象的なものと具体的なものと言い直すことができる。思索の方法として、抽象的なものと具体的なものの間の行き来についてふれたものとして、マルクスの考えがある。彼は、そのような思考の往復運動を「下向法」と「上向法」と位置づけた［Marx, 1934=1956］。下向法とは、全体の混沌とした具体的な表象から出発して、最も単純な抽象的な規定に到達するように分析していくことである。いわば、ものごとの本質を深めるために、地面に向かって掘り進んでいくようなイメージである。逆に、上向法とは抽象的な諸規定のいくつかについて、思考の力を通じて肉づけをあたえ、具体的な事象の中にそれらの抽象的なものがどう生きているかを総合的・統合的にとらえていこうとすることである。抽象的なものから具体的なものに上向する方法は、骨組みたる土台から始めてその外に膨らむ具体的な家屋の外形にいたるように、ものごとをとらえていこうとする方法である。下向法は分析であり、上向法は総合であると位置づけられる。分析に向かうベクトルと総

合に向かうベクトルのダイナミックスの中に認識の躍動感が存在する。具体的なものから抽象化に向けて掘り進む「下向法」と、抽象的なものから具体的なものに舞いあがっていく「上向法」を私たちが意識することで、認識はより深まっていく。マルクスの「下向法」と「上向法」の発想には時の経済学への批判がこめられており、そのような理解も必要となるのだが、ひとまずルールブックとゲームを行き来するように、抽象と具象の間の往復運動をより活発化させていくことの重視としてとらえておこう。

　そのような分析と総合は、社会を生きる人々のリアリティとそれを構成する社会的要素の間の把握に用いられる必要がある。地球には200を超える国と地域があり、60億人以上の人々が生きている。さまざまな人々がいて、さまざまな世界がある。そのような中、世の中で起こっていることをすべて経験することはできない。したがって、私たちは状況や立場の違う人たちの気持ちになって理解するということが完全にできるわけではない。確かに、その当事者でなければわからないという世界もあるであろう。しかし、それでは、人は経験してみなければ何事も理解できない・発言できないことになってしまう。その時に、自分自身がすでに経験したことを、未知の現象・未経験の現象の理解に応用できないかどうか、想像力をもって働きかけていくことが重要であろう。そのような、いま・ここにいる自分を離れて、いつか・どこかにいる誰かの行為や意識にまで思いを馳せるところに、それをひとつの訓練としておこなえるところに社会学の重要な社会的役割があると考えられる。社会学は起こっている現象の骨格を数学の因数分解のように見抜くことによって、各現象間の類似性と個別性をより深く理解することをめざしていくのである。想像力を働かせることによって、抽象から具象に舞

い戻り、経験を補うということも重要な営みである。

4）創られながら創ること

社会学は世の中にあるさまざまな事象のいくつかが、誰か発明者がいるということではなく、人々の連綿とつづく集合的な営みの中で自然発生的にできてきたものであることをしめす。例えば言葉である。生きるうえで欠かすことのできない言葉を、私たちは過去から受け継ぎ、今まさしく使い、変形させながら生きている。言葉がなければ、私たちは自己の感情認識も、自己のアイデンティティ形成なども達成することができない。言葉は自分にとって大切なものでありながら、自分ひとりで作り出すことはまったく不可能である。社会からの授かりものとして、私たちは言葉を用いることだけが許されている。

「人生はマラソンだ」という言い方は人口によく膾炙している。しかし、それに対して、メキシコ五輪の銀メダリスト、日本の著名なマラソン・ランナーである君原健二氏は次のように言う。「人生は駅伝だ」と［君原, 1992, 166］。私たちが社会を生きていくということは、前の世代からバトンを受け継ぎ、他者の中で生き、後の世代にバトンを引き継ぎ、倒れていく、そういうことなのである。マラソンのように、自分ひとりの行いのようでありながら、実は他者とのつながりの中に私たち個々の生き方も存在している。人生は自分ひとりで生まれ、自分ひとりで死んでいくので、マラソンの道のりをひとりで走るものであるかのように感じられるかもしれない。しかし、私たちは両親によってこの世に生みおとされ、死も周囲の人に看取られながら、あるいは孤独死と言われても遺体の処理が社会的に行われるよう、人々の中で生まれ、人々の中で死んでいくの

である。

　そのことは、私たちが能動的に物事に関わることが語られる際にも、その前提として、私たち自身がまずはいったん作り出された受動的な存在なのであることの自覚の必要性へとつながっていく。誰にしても、まずはこの世に生まれることで、受動的存在としてその歩みを始めるのである。バタイユの仕事を紹介しながら真木悠介は、その点について芸術作品を題材に次のように語る。「近代的な芸術というのは、個性の表現とか主体の表現ということがあって、自分の個性を表現して作品なりを創造すると。主体の表現みたいなね。それに対して、バタイユは、そういうのは、いわば貧しい創造に過ぎないのであって、ほんとうの創造は、自分自身が創られるという体験から出てくるのがほんとうの創造なんだということを、半分、無意識に言っていると思うんです。」「本当の創造ということは、創るということよりまえに、創られながら創ることだと」[真木・鳥山, 1993, 120-121]。

　限定された個体単独からの発出は、どのように主体的であれ、自ずから限界があるのであろう。個体の背後に連綿とつづくさまざまなつながりがあるとき、その中のどの要素が新たに噴出していくかわからない創造の可能性があるということを、バタイユは考えていたといえよう。

　言うまでもなく、社会というものは自分ひとりで作ることはできない。私たちは、私たちより前に作り出され存在している社会に生み出され、その社会の中で生き、次世代に社会を譲り渡して亡くなっていく。過去―現在―未来をつなぐ集合的に生成した効果として社会は存在している。したがって、マルクスがいう通り、人類の歩みの中で過去の結果を前提として引き受けながら、私たちはその世

界を生きていかなければならない。「人間は自分じしんの歴史をつくる。だが、思う盡にではない。自分で選んだ環境のもとでではなくて、すぐ目の前にある、あたえられ、持越されてきた環境のもとでつくるのである。死せるすべての世代の傳統が悪魔のように生ける者の頭脳をおさえつけている」［Marx, 1852=1954, 17］。

人類の歩みはそういうものとして積み重ねられてきたから、したがって私たちが社会を変えていくというのは容易なことではない。むしろ、困難であるといえるであろう。それは次のような比喩で指摘される。社会の変革は「完全に新しく建設されるべき家」のようなものではなく、「機関車の車輪を走行中に交換しなければならないようなものである」［Mannheim, 1935=1976, 13-14］。

創られながら創ること。私たちが自らの能動性、主体性に限界があることを謙虚にとらえつつ、社会に存在する事象を受け継いで、その車輪や車体を交換する課題に取り組み、それを次世代に譲り渡して生きていくという理解が必要となる。バトンの譲り渡しとして社会をとらえていくとき、視点の広がりがある。

5）社会を踊り返していく社会学

第1章冒頭のミルズの言葉に戻るならば、よき職人は仕事と生活を切り離さない。社会学を深く学び、ときにそれを生業としていくことは、社会学をするということと自らの生活を切り離せなくなっていくことだとも考えられる。24時間の生活に自意識をもって臨むこと、それは少し息苦しいということになるかもしれない。そのような状況においてどうふるまっていけばいいか、徳島の阿波踊りの掛け声が私たちに象徴的なことを教えてくれる。

「踊る阿呆に見る阿呆、同じ阿呆なら踊らにゃ、損、損。」自明性

の世界で生きることが「踊る阿呆」だとするならば、その自明性を相対化することを任務とする社会学はある種の「見る阿呆」だといえる。社会学は物事を相対化してとらえようとする視点に満ちているが、それは「社会学者のシニカル・シンドローム」を帰結してしまうこともある。皮肉な視線を連発し、他者の意表をつくことだけが目的になってしまうというようなこともままあることである。しかし、その姿勢はあまりにも社会学の可能性をやせ細らせるように思われる。シニカルであることに安住するならば、また、それはそのレベルの自明性の落とし穴にはまってしまい、意外性は失われていくからである。「見る阿呆」の存在を声高に主張することに高い価値があるわけではない。社会を生き、人生を享受するには、自らを、生活を、社会をやはり踊っていかなければならない。しかし、一度見ることを知ってしまった阿呆はもはや単なる「踊る阿呆」には戻れないのでもある。そうであるならば、必要なのは、「見る阿呆」を経験してしまったものは、その踊りにおいて、踊らされるのではなく、むしろ自ら自覚的に踊り返していくことができるかどうかということになるであろう。多少、踊りがぎこちないとしても。

　世にさまざまある格闘技の中に、「バーリトゥード」というものがある。ポルトガル語で「なんでもあり」の意を有するこの競技は、格闘家が闘うに際してのルールや反則を最小限にした戦いであり、ある意味ではけんかに近いものになっていく。ところが、攻め方においてかなりのことが許されるはずのバーリトゥードの競技において、ブラジル発祥の「グレイシー柔術」がきわめて強く、国際試合で多くの好結果を出しているとされる。ルール無用の競技のはずなのに、そこにおいても勝負に強い型がある。人間が作り出す社会的現実をさまざまな側面から理解しようと格闘する社会科学において、

ある意味で現実と闘う方法はどのようなものでもありうる。しかし、そのような社会的現実と闘うときにも、ある型があることで理解が深まるということがいえる。社会学はそんな方法に満ちているといえるだろう。社会的現実は学問の理論を検証するために存在しているのではない。方法と理論の厳密性を求めようとするあまり、いくつかの学問が見失いがちな社会的現実の豊かさや逆説性に、ある型をふまえつつありのままに接近しようとするところに社会学の魅力があるように思う。それは、第1章でふれたブルデューの言葉のように、「社会学者に一つの役割があるとすれば、それは教えを垂れることよりも、武器を与えることでしょう」［Bourdieu, 1980=1991, 121］ということにつながる。本書を通じて、社会を踊り返していく道具として、社会学の発想の型のいくつかを身につけてもらえたならば、本書はその役割を果たしたということになろう。

社会学は認識の方法のひとつであり、社会学という学問自身は理想社会を直接描くものではない。理想社会は、社会学や社会科学の分析結果をふまえて、私たち自身が相互の議論の中で実践的に構想していかなければならないのである。社会学は価値意識を相対化し、問題分析と問題解決の両者の緊張関係の中で生きることによって、次のような神学者ニーバーの祈りの言葉にふさわしい、ある種の知恵をめざしているともいえるのである。「神よ、変えることのできない事柄については冷静に受け入れる恵みを、変えるべき事柄については変える勇気と、そして、それらを見分ける知恵をわれらに与えたまえ」［Niebuhr, 1975, 巻頭頁］。社会学的想像力の羽ばたきによって空に飛び立ち、そこでもたらされる見晴らしの良い視野がそのようなものであることを祈りつつ。

あ と が き

　『考えるヒント』とはまさしく大それた題である。小林秀雄の『考えるヒント』の本歌取りであることは言うまでもない。マルクスが『ルイ・ボナパルトのブリュメール一八日』で述べるように、まさに「一度目は悲劇として、二度目は茶番（ファルス）として」である［Marx, 1852=1954, 17］。

　編集部の中村憲生氏と本書の企画の事前相談をしていた時、中村さんから「これは『考えるヒント』ですね」となんとはなしに話題が出てきた。私は最初「さすがに、それはないでしょう」と言っていたのだが、小林秀雄の『考えるヒント』を読み直してみたら、実はその表題は小林自身ではなく編集者がつけた題であったと書かれていた。そうであるならば、中村さんとのやりとりの中から出てきた題目をもって本書の書名とするのも故なるかなと思うことにした。ちなみに中村さんは小林秀雄の大ファンで、高校時代に愛読書として彼の著作を多く読んでいたとのことを、その話題のときに教えていただいた。中村さんには、いつも通り企画から編集まで粘り強く作業にあたっていただいたと共に本書の名づけ親になっていただいたことに感謝申し上げる次第である。

　自分の研究領域を紹介するとき、福祉社会学、文化社会学、社会学方法論と書くことが多い。福祉社会学と文化社会学という領域は、〈生〉という言葉を通じて、自分の中でつながっていることを『〈生〉の社会学』の末尾に書いた。そして、ふと考えてみると、社会学方法論については、あまり自覚なく書いていたように思う。今ふりか

えるならば、それは大学院時代に学んだ授業科目のひとつであるとともに、抗いがたく専門分化していく学問領域において、領域社会学のみにこだわることなく自らがしたいことは広い意味での社会学なのであるという無自覚的な思いであったのかもしれない。社会学の新鮮なテキストを意図して作成した編著『社会学の宇宙』以来、20年を経て、本書にたどりついたように思う。

　ジンメルの著作『日々の断想』の冒頭にこのような語りがある。「私が死んでも、精神的相続人がいないことは判っている（それでよい）。私の遺産は、多くの相続人に分配される現金の遺産のようなもので、各人が、自分の分前を自分の性質に合った品物に変えれば、それが私の遺産に由来するとは誰も思わない。」[Simmel, 1923=1980, 53]

　方法論の本というのは、その方法が使われ、ある題材についてなんらかの優れた分析がなされていくことに意味がある。本書も、そのアイデアや視点のいくつかを読者の皆さんが 社会学の good user として社会現象の分析や理解に使ってみてもらえるならば、その役割を果たしたということになろう。重要なのは方法そのものではなく、分析や理解なのであるから。方法は、図形問題を解くときの補助線のように、線を引いた時さっと視界が開け、そして、その後、そっと薄らいでいくのがよい。皆さんの知的職人としての旅が、大いなる羽ばたきをしめすことを期待している。

藤村　正之

文献

Adorno, T., 1962 *Einleiting in die Musiksoziologie*, Suhrkamp Verlag. (=1970, 渡辺健・髙辻知義訳『音楽社会学』音楽之友社)

Becker, H.S., 1973 *Outsiders*, The Free Press (=2011、村上直之訳『完訳アウトサイダーズ』現代人文社)

Bierce, A., 1967 *The Enlarged Devil's Dictionary*, Doubleday & Company. (=1983, 西川正身編訳『新編・悪魔の辞典』岩波書店)

Bourdieu, P., 1980 *Questions de Sociologie*, Le Editions de Minuit. (=1991, 田原音和監訳『社会学の社会学』藤原書店)

Bourdieu, P., 1987 *Choses dites*, Les Editions de Minuit. (=1991 石崎晴己訳『構造と実践』藤原書店)

Caillois, R., 1967 *Les Jeux et Les Hommes*, Gallimard. (=1990, 多田道太郎・塚崎幹夫訳『遊びと人間』講談社学術文庫)

Collins, R., 1982 *Sociological Insight*, Oxford University Press. (=1992, 井上俊・磯部卓三訳『脱常識の社会学』岩波書店)

Collins, R. & M. Makowsky, 1984 *The Discovery of Society*, 3rd. ed., Random House. (=1987, 大野雅俊訳『社会の発見』東信堂)

Drucker, P. F., 1954 *The Practice of Management*, (=2006, 上田惇生訳『ドラッカー著作集3 現代の経営(下)』ダイヤモンド社)

Drucker, P. F., 1969 *The Age of Discontinuity*, Harper & Row Publishers (=2007, 上田惇生訳『断絶の時代』ダイヤモンド社)

Drucker, P. F., 1988 "The Coming of the New Organization" Harvard Business Review, 1988, 1・2 (=2010,「情報が組織を変える」『Harverd Business Review』25-6, ダイヤモンド社, 106-110)

Drucker, P. F., 2002 *Managing in The Next Society*, Butterworth-Haineman (=2002, 上田惇生訳『ネクスト・ソサエティ』ダイヤモンド社)

Durkheim, E., 1893 *De la division du travail social*, Félix Alcan. (=1971, 田原音和訳『社会分業論』青木書店)

Durkheim, E., 1895 *Les Regles de la Method Sociologique*, Félix Alcan. (=1979、宮島喬訳『社会学的方法の規準』岩波文庫)

Durkheim, E., 1897 *Le Suicide*, Félix Alcan. (=1985、宮島喬訳『自殺論』中公文庫)

藤村正之 1996a 「テクノクラート的リアリティの析出とその意味」『社会学評論』47-3、395-402

藤村正之 1996b 「リズムへの欲望―音楽・スポーツ・若者」『教育総研年報 '96』国民教育文化総合研究所、60-72

藤村正之 1999 『福祉国家の再編成』東京大学出版会

藤村正之 2001 「社会学徒としての第1コーナー」武蔵大学社会学会『武蔵社会学論集・ソシオロジスト・別冊 私の社会学』武蔵大学社会学会、188-217

藤村正之 2009 「社会学とはどのような学問か」『社会福祉学習叢書』編集委員会『社会福祉学習叢書12 社会学』全国社会福祉協議会、1-17

藤村正之 2013 「個人化・連帯・福祉」藤村正之編『シリーズ福祉社会学3 協働性の福祉社会学』東京大学出版会、1-26

Garfinkel, H., 1967 "Studies of the Routine Grounds of Everyday Activities "*Studies in Ethnomethodology*, Prentice-Hall. (=1989,「日常生活の基盤」北澤裕・西坂仰訳『日常性の

解剖学』マルジュ社)

Goffman, E., 1959 *The Presentation of Self in Everyday Life*, Doubleday.

浜　日出夫　1991　「社会は細部に宿る」西原和久編『現象学的社会学の展開』青土社、137-162

浜　日出夫　2006　「羅生門問題」富永健一編『理論社会学の可能性』新曜社、271-289

宝月　誠　1993　「第一次逸脱・第二次逸脱」森岡清美・塩原勉・本間康平編『新社会学辞典』有斐閣、933-934

市村弘正　1987　『「名づけ」の精神史』みすず書房

市野川容孝　2006　『社会』岩波書店

伊奈正人・中村好孝　2007　『社会学的想像力のために』世界思想社

井上　俊・大村英昭　1988　『社会学入門』日本放送出版協会

金子　勇　2000　『社会学的創造力』ミネルヴァ書房

河村　健　2012　「経路依存性」大澤真幸・吉見俊哉・鷲田清一編『現代社会学事典』弘文堂、346

川西　諭　2010　『よくわかる行動経済学』秀和システム

川崎賢一・藤村正之編　1992　『社会学の宇宙』恒星社厚生閣

君原健二　1992　『人生ランナーの条件』佼成出版社

クネヒト・ペトロ　1984　「文化伝播主義」綾部恒雄編『文化人類学15の理論』中公新書、19-36

厚東洋輔　1991　『社会認識と想像力』ハーベスト社

厚東洋輔　2011　『グローバリゼーション・インパクト』ミネルヴァ書房

黒澤　明　1988　『全集黒澤明　第3巻』岩波書店

Lippmann, W., 1922 *Public Opinion*, The Macmillan Company (=1987, 掛川トミ子訳『世論(上・下)』岩波文庫)

真木悠介・鳥山敏子　1993　『創られながら創ること』太郎次郎社

Mann, M., 1993 *The Sources of Social Power* vol.2, Cambridge University Press. (=2005, 森本醇・君塚直隆訳『ソーシャル・パワー:社会的な〈力〉の世界歴史Ⅱ』NTT出版)

Mannheim, K., 1935 *Mensch und Gesellschaft im Zeitalter des Umbaus*, A. W. Sythoff's Uitgeversmaatschappy N. V. (=1976, 杉之原寿一訳「変革期における人間と社会」『マンハイム全集　第5巻　変革期における人間と社会』潮出版社)

Mannheim, K., 1943 *Diagnosis of Our Time*, Routledge & Kegan Paul. (=1976, 長谷川善計訳「現代の診断」『マンハイム全集　第5巻　変革期における人間と社会』潮出版社)

丸山眞男　1959　「開国」『講座現代倫理11　転換期の倫理思想(日本)』筑摩書房、79-112

Marx, K., 1852 *Der achtzehnte Brnmaire des Louis Bonaparte* (=1954, 伊藤新一・北条元一訳『ルイ・ボナパルトのブリュメール一八日』岩波書店)

Marx, K., 1894 *Das Kapital* (=1954, 長谷部文雄訳『資本論　第四巻(第三部上冊)』青木書店)

Marx, K., 1934 *Zur Kritik der Politischen Ökonomie*. (=1956, 武田隆夫・遠藤湘吉・大内力・加藤俊彦訳『経済学批判』岩波文庫)

Marx, K. & F. Engels, 1845-46 *Die Deutsche Ideologie* (=2002, 廣松渉編訳・小林昌人補訳『新編輯版 ドイツ・イデオロギー』岩波文庫)

McLuhan, M., 1962 *The Gutenberg Galaxy*, University of Tront Press. (=1987, 森常治訳『グーテンベルグの銀河系』みすず書房)

McLuhan, M., 1964 *Understanding Media*, Routledge & Kegan Paul. (=1987, 栗原裕・河本仲聖訳『メディア論』みすず書房)

Mead, G. H., 1934 *Mind, Self, Society*, University of Chicago Press. (=1973, 稲葉三千男・滝沢

正樹・中野收訳『精神・自我・社会』青木書店)

Merton, R. K., 1949 *Social Theory and Social Structure*, Free Press. (=1961, 森東吾・森好夫・金沢実・中島龍太郎訳『社会理論と社会構造』みすず書房)

三上剛史 2010 『社会の思考』学文社

Mills, C. W., 1959 *The Sociological Imagination*, Oxford University Press. (=1965, 鈴木広訳『社会学的想像力』紀伊國屋書店)

Mills, C. W., 1963 *Power, Politics and People*, ed. by I. L. Horowitz, Oxford University Press (=1973, 青井和夫・本間康平監訳『権力・政治・民衆』みすず書房)

南 伸坊 1985 『哲学的』角川文庫

村上雅人 2000 『なるほど虚数』海鳴社

村上直之 1986 『暗数論』『神戸女学院大学論集』33-1、123-130

森 真一 2000 『自己コントロールの檻』講談社

Niebuhr, R., *Justice and mercy* (=1975, 梶原寿訳『義と憐れみ』新教出版社)

Nisbet, R., 1976 *Sociology as an Art Form*, Oxford University Press. (=1980, 青木康容訳『想像力の復権』ミネルヴァ書房)

西岡 晋 2007 「福祉レジーム再編の政治学」早稲田大学大学院政治学研究科『早稲田政治公法研究』84、207-241

野口雅弘 2011 『比較のエートス』法政大学出版局

大澤真幸 2010 『量子の社会哲学』講談社

Parsons, T., 1951 *The Social System*, Free Press. (=1974, 佐藤勉訳『社会体系論』青木書店)

佐伯泰樹 1998 『ベースボール創世記』新潮社

作田啓一・井上 俊 1986 『命題コレクション社会学』筑摩書房

Schutz, A., 1951 Making Music Together, *Social Research*, 18-1, 76-97. (=1980, 中野卓監修、桜井厚訳『現象学的社会学の応用』御茶の水書房)

Schutz, A., 1964 *Collected Papers Ⅱ: Studies in Social Theory*, The Hague : Martinus Nijhoff. (=1991, 渡部光・那須壽・西原和久訳『アルフレッド・シュッツ著作集Ⅲ—社会理論の研究』マルジュ社)

Sen, A., 1982, *Choice, Welfare and Measurement*, Basil Blackwell (=1989, 大庭健・川本隆史訳『合理的な愚か者』勁草書房)

白水繁彦 2011 『イノベーションの社会学』御茶ノ水書房

Simmel, G., 1917 *Grandfragen der Sociologie*. (=1979, 清水幾太郎訳『社会学の根本問題』岩波文庫)

Simmel, G., 1908 *Soziologie Aufl*. (=1994, 居安正訳『社会学(上)』白水社)

Simmel, G., 1923 *Fragmente und Aufsatze*, Drei Masken Verlag. (=1980, 清水幾太郎訳『愛の断想・日々の断想』岩波文庫)

Strasser, O., 1981 *Sechse is*, Neff. (=1985, 芹沢ユリア訳『ウィーンフィルハーモニー』桜門社)

鈴木智之・澤井 敦編 1997 『ソシオロジカル・イマジネーション』八千代出版

庄司興吉編 2009 『地球市民学を創る』東信堂

多田道太郎 1990 「訳者解説」Caillois『遊びと人間』講談社学術文庫、340-366

武川正吾 2007 『連帯と承認』東京大学出版会

武川正吾 2011 「福祉社会学の想像力」福祉社会学会『福祉社会学研究』8、東信堂、127-139

Thatcher, M., 1993 The Downing Street Years. (=1993, 石塚雅彦訳『サッチャー回顧録(下)』日本経済新聞社)

富永健一 1998 『マックス・ヴェーバーとアジアの近代化』講談社学術文庫

富田英典・藤村正之編　1999　『みんなぼっちの世界』恒星社厚生閣
竹中治堅　2010　『参議院とは何か』中公叢書
Webb, S & B. Webb 1932　*Methods of Social Study*, Longmans, Green & Co.（=1982, 川喜多喬訳『社会調査の方法』東京大学出版会）
Weber, M., 1895　*Der Nationalstaat und die Volkswirtsch aftspolitik*, Akademische Antrittsrede.（=1959, 田中真晴訳『国民国家と経済政策』未來社）
Weber, M., 1919　*Politik als Beruf*,（=1980, 脇圭平訳『職業としての政治』岩波文庫）
Weber, M., 1920　"Vorbemerkung" *Gesammelte Aufsätze zur Religionsoziologie*, I, J. C. B. Mohr.（=1972, 大塚久雄・生松敬三訳『宗教社会学論選』みすず書房）
Weber, M., 1921　"Hinduismus und Buddhismus" *Gesammelte Aufsätze zur Religionsoziologie*, II, J. C. B. Mohr.（=2002, 深沢宏訳『ヒンドゥー教と仏教』東洋経済新報社）
Weber, M., 1922　"Soziologische Grundbegriffe" *Wirtschaft und Gesellschaft*. J. C. B. Mohr.（=1972, 清水幾太郎訳『社会学の根本概念』岩波文庫）
Weber, M., 1922　*Wissenschaft als Beruf*（=1980, 尾高邦雄訳『職業としての学問』岩波文庫）
Weber, M., 1956　"Sociologie der Herrschatt" *Wirtschaft und Gesellschaft*,（=1960, 世良晃志郎訳『支配の社会学 1』創文出版）
上山隆大　2010　『アカデミック・キャピタリズムを超えて』NTT出版
Urry, J., 2000　*Socilogy beyond Societies*, Routledge.（=2006, 吉原直樹監訳『社会を越える社会学』法政大学出版局）
山岸淳子　2013　『ドラッカーとオーケストラの組織論』PHP新書
吉原正彦　2013　『メイヨー＝レスリスバーガー』文眞堂
吉川英治　1997　『われ以外、皆我が師なり』学陽書房
吉見俊哉　2012　『メディア文化論（改訂版）』有斐閣

【著者紹介】

藤村正之（ふじむら　まさゆき）

上智大学総合人間科学部教授。1957年岩手県盛岡市生まれ。筑波大学大学院社会科学研究科単位取得退学。博士（社会学）。東京都立大学人文学部助手、武蔵大学人文学部専任講師・助教授、同社会学部教授などを経て、現職。現在、同学務担当副学長。専門は福祉社会学、文化社会学、社会学方法論。

著書に、『福祉国家の再編成』（東京大学出版会、1999年）、『〈生〉の社会学』（東京大学出版会、2008年）、『青年文化の聖・俗・遊』（共編著、恒星社厚生閣、1990年）、『社会学の宇宙』（共編著、恒星社厚生閣、1992年）、『ウェルビーイングタウン社会福祉入門』（共著、有斐閣、1999年）、『非日常を生み出す文化装置』（共編著、北樹出版、2001年）、『社会学』（共著、有斐閣、2007年）、『いのちとライフコースの社会学』（編著、弘文堂、2011年）、『協働性の福祉社会学』（編著、東京大学出版会、2013年）などがある。

考えるヒント――方法としての社会学

2014（平成26）年8月15日　初版1刷発行

現代社会学ライブラリー　14

著　者　藤村　正之
発行者　鯉渕　友南
発行所　株式会社　弘文堂　　101-0062　東京都千代田区神田駿河台1の7
　　　　　　　　　　　　　　TEL 03(3294)4801　　振替 00120-6-53909
　　　　　　　　　　　　　　http://www.koubundou.co.jp
装　丁　笠井亞子
組　版　スタジオトラミーケ
印　刷　大盛印刷
製　本　井上製本所

ⓒ2014　Masayuki Fujimura. Printed in Japan

JCOPY　＜(社)出版者著作権管理機構　委託出版物＞

本書の無断複写は著作権法上での例外を除き禁じられています。複写される場合は、そのつど事前に、(社)出版者著作権管理機構（電話 03-3513-6969、FAX 03-3513-6979、e-mail:info@jcopy.or.jp）の許諾を得てください。
また本書を代行業者等の第三者に依頼してスキャンやデジタル化することは、たとえ個人や家庭内の利用であっても一切認められておりません。

ISBN978-4-335-50134-0

現代社会学ライブラリー

定価(本体 1200 円+税)、*は本体 1300 円+税、**は本体 1400 円+税)
タイトル・刊行順は変更の可能性があります

1.	大澤 真幸	『動物的/人間的──1.社会の起原』	既刊
2.	舩橋 晴俊	『社会学をいかに学ぶか』	既刊
3.	塩原 良和	『共に生きる──多民族・多文化社会における対話』	既刊
4.	柴野 京子	『書物の環境論』	既刊
5.	吉見 俊哉	『アメリカの越え方──和子・俊輔・良行の抵抗と越境』	既刊
6.	若林 幹夫	『社会(学)を読む』	既刊
7.	桜井 厚	『ライフストーリー論』	既刊
8.	島薗 進	『現代宗教とスピリチュアリティ』	既刊
9.	赤川 学	『社会問題の社会学』	既刊
10.	武川 正吾	『福祉社会学の想像力』	既刊
11.	奥村 隆	『反コミュニケーション』**	既刊
12.	石原 俊	『〈群島〉の歴史社会学 ──小笠原諸島・硫黄島、日本・アメリカ、そして太平洋世界』**	既刊
13.	竹ノ下 弘久	『仕事と不平等の社会学』**	既刊
14.	藤村 正之	『考えるヒント──方法としての社会学』*	既刊
15.	西村 純子	『子育てと仕事の社会学──女性の働きかたは変わったか』*	既刊

【続刊】
木下 康仁 『グラウンデッド・セオリー論』
佐藤 健二 『論文の書きかた』
奥井 智之 『恐怖と不安の社会学』
佐藤 嘉倫 『社会関係資本から見る現代日本社会』

信頼性の高い21世紀の〈知〉のスタンダード、ついに登場!
第一級の執筆陣851人が、変貌する現代社会に挑む3500項目

現代社会学事典 定価(本体 19000 円+税)

好評発売中

【編集委員】大澤真幸・吉見俊哉・鷲田清一　　【編集顧問】見田宗介

【編集協力】赤川学・浅野智彦・市野川容孝・苅谷剛彦・北田暁大・塩原良和・島薗進・盛山和夫・太郎丸博・
橋本努・舩橋晴俊・松本三和夫